煎茶、ほうじ茶、抹茶、和紅茶でつくる

# 日本茶のさわやかスイーツ

本間節子

## 日本茶スイーツとの出合い

　団らんの時間に煎茶を、食事の後にほうじ茶やばん茶を……。小さな時からあたりまえにあった「いつものお茶」。大人になって知った、かしこまった席でいただく抹茶も、「いつものお茶」とは全く別ものでしたが、私にとっては「ただのお茶」でした。好きな飲み物のひとつで、今のような特別な思いはありませんでした。

　ある日、黒い缶がずらっと並んだガラス張りの雰囲気のあるお店を見つけ、ワクワクして入ったら、日本茶のお店でした。その時初めて、お茶屋さんが独自に開いている日本茶セミナーの存在を知り、日本茶について教えていただく機会に恵まれました。全然知らなかった日本茶の成り立ちや喫茶の歴史、淹れ方の技術に加え、お茶のつくり方など、お茶にまつわる様々なことをそのお茶屋さんに教えていただきました。香りも味も見ためも、初めてのものだらけで、日本茶そのものが新鮮で興味深い飲み物に変わり、心豊かに感じるための「生活になくてはならないもの」になりました。

　20年も前のことです。

　お茶に興味をもって関わるようになったのは、お菓子づくりが仕事になっていった時期と重なりました。

　「お菓子を伝えることを仕事にしたいのなら、お茶のこともちゃんと知った方がずっと豊かな時間を過ごせるのではないか」と思い、お茶に関わり続け、今にいたります。

　私が日本茶好きであること、日本茶インストラクターの資格を持っていることを知ってくださる方が増え、お茶とそのお茶に合うお菓子の提案、お茶そのものの風味を楽しむお菓子を考えて紹介する機会も多くなりました。

　「お菓子に使う材料はとびきりおいしいもの、安全なものを使いたい」と思っていますので、お菓子に使うお茶もおいしいものを使うことは私にとって自然なことです。お茶屋さんはきっと「お菓子なのにこんなによいお茶を使うの？」と驚いて、「普通に飲んで欲しいな」と思っているかもしれません。

　私はちゃんと淹れて味わって飲んで、お茶そのもののおいしさを知った上で、「この香りでこんなお菓子にしたら楽しい、飲みきれずに傷む前においしく使いたい」という気持ちを込めてお菓子にしています。

　丁寧に淹れておいしく飲めるお茶は、お菓子にしてもおいしく無駄がありません。ちょっと頑張って買ったお茶ほど、最後までおいしく飲み、食べたいと思います。飲み方も冷たくしたり、香りを重ねたりして工夫します。お茶のいろいろな楽しみ方を知って、飲みきれないと思うことがなくなると、お茶を選ぶのも、買うのも楽しくなりますし、ちょっと集めたくなったりもします。いくつかの中から選んで飲むのは楽しいものです。

　ここ数年の日本茶は、煎茶だけでなく、紅茶や烏龍茶のように酸化発酵させたもの、乳酸発酵させたもの、有機栽培されたものと、とにかく種類が多くなり、いろいろなお茶をつくる人が増えました。味も香りも色も形も様々で驚かされます。自分のアンテナに引っかかるお茶に出合えたら、ご縁があると思って手に取ってみてください。

　飲んで、お菓子にして、この本からお茶のいろいろな楽しみを見つけていただけたら幸いです。

本間節子

煎茶のマドレーヌと5月に産地から届いた新茶の葉

目次

日本茶スイーツとの出合い 2
おいしい日本茶を 毎日のスイーツに 6

# 煎茶 8

煎茶のマドレーヌ 10
煎茶クリームのショートケーキ 12
煎茶のレアチーズケーキ 13
煎茶のブランマンジェ 18
煎茶のマカロン 20
煎茶ミルクジェラート 22
煎茶のスコーン 24
煎茶のパンケーキ 26
煎茶のグラノーラ 28
煎茶いちご大福 30
煎茶＆ほうじ茶のボンボンショコラ 32
煎茶シロップ＆ほうじ茶シロップのかき氷 34

# ほうじ茶 36

ほうじ茶ダコワーズ 38
ほうじ茶プリン 40
ほうじ茶フィナンシェ 42
ほうじ茶ときなこのコロコロクッキー 44
ほうじ茶シュークリーム 46
ほうじ茶のスイートポテト 50
ほうじ茶カステラ 51
ほうじ茶のバターどら焼き 54
ほうじ茶水ようかん 56
ほうじ茶の琥珀糖 57
ほうじ茶の寒天＆ほうじ茶ジンジャーシロップ 58
ほうじ茶とディルの絞り出しクッキー 59

写真は左から普通煎茶のシロップ、深蒸し煎茶のシロップ、抹茶のシロップ、ほうじ茶のシロップ、和紅茶のシロップです。

## 抹茶 62

抹茶クリームのメレンゲロール　64
抹茶と豆乳のババロア　66
抹茶とフロマージュブランのチーズタルト　68
抹茶のメレンゲ　69
抹茶のティラミス　72
抹茶のロールケーキ　74
抹茶のパウンドケーキ　76
抹茶の渦巻きクッキー　78
抹茶ジェラート　80
抹茶のシフォンケーキ　82
抹茶クリームのミルフィーユ　84
抹茶ゼリー　85
抹茶のカンノーリ　88
抹茶のガトーショコラ　90
抹茶風味の浮島　92
抹茶＆和紅茶のトリュフ　94

## 和紅茶 96

和紅茶のモンブラン　98
和紅茶のアイスクリームパフェ　100
和紅茶のミルクレープ　102
和紅茶のスコーン スイート＆チーズ　104
和紅茶のスパイスサブレ　106
和紅茶のバターケーキ　108
ミルクティーシフォンケーキ　110
和紅茶のバタークリームロールケーキ　112
和紅茶のサバラン　114
和紅茶のリングドーナツ　116

シフォン型のはずし方　117
新聞紙のカステラ型の作り方　117
日本茶のアレンジティー　118
まずは、おいしくお茶を淹れてみましょう　122
便利な道具　124
煎茶の豆知識　125
お茶の入手先　125
これからもお菓子を追いかけて　126

**この本での決まりごと**

◆ 1カップ＝200ml、大さじ1＝15ml、小さじ1＝5mlで計量しています。(1ml＝1cc) 塩ひとつまみは約1g。
◆ 卵は特に表記がない場合 MLサイズを（正味約60g、卵黄約20g、卵白約40g）を使用しています。卵は室温に戻してから使います。
◆ 生クリームは動物性の脂肪分が45〜47％のものを使用しています。
◆ オーブンの温度と焼き時間は目安です。オーブンの機種によって差が出る場合がありますので、様子を見ながら焼いてください。この本では電気オーブンを使用しています。
◆ レシピによっては、液体や卵の量をg（グラム）で表示しています。

# おいしい日本茶を 毎日のスイーツに

様々なお茶と接しながら、お菓子をつくるうちに、とっておきの日本茶スイーツが生まれました。

### 煎茶のお菓子

お菓子にしても煎茶の風味はしっかりと楽しめます。冷たいお菓子では、さわやかな清々しい煎茶の香りや、甘さ、まろやかさ、旨味を感じ、優しい薄緑の色も新鮮です。焼き菓子では、香ばしさや苦み、甘みも感じられます。いちご、メロン、バナナ、オレンジをはじめとするフルーツや乳製品とよく合います。最初につくるならショートケーキがおすすめです。はっとする味に出合えるでしょう。

### ほうじ茶のお菓子

ほうじ茶は香ばしさと甘さ、アクセントになる苦み、きれいな茶色をお菓子にプラスします。でき上がったお茶をさらに炒っているため傷みにくいので、常備できます。焙煎具合や茎と葉の混ざり具合で味に幅がありますので、いくつか開封しても楽しみながら使い切れます。シュークリームのようにちょっと凝ったお菓子に入れても、固めるだけの寒天にしてもしっかりとほうじ茶の風味が楽しめます。

### 抹茶のお菓子

お茶の葉のおいしいところを丸ごといただけるのは抹茶ならではです。粒子が細かくダマになりやすいので、茶こしでふるって、しっかりと練り溶かすのがお菓子に使う時のポイントです。お菓子屋さんで見かけることが多い抹茶のお菓子ですが、抹茶は鮮度が落ちやすいので是非家庭でつくりたてを味わってみてください。生クリームと合わせると抹茶ならではの鮮やかな緑色、甘い香り、濃厚な味が楽しめます。焼き込むと色は少し退色しますが、抹茶の香りと味が生地にしっかりとなじみます。120％抹茶を生かして新鮮な抹茶味を楽しんでください。

### 和紅茶のお菓子

和紅茶は甘みがあってまろやか、水色（すいしょく）の赤茶色もとてもきれいです。濃く淹れても苦すぎず、渋すぎず、和紅茶の風味はお菓子にしてもおいしく引き立ちます。ミルクや生クリームに濃いめに煮だして、砂糖やはちみつと合わせたり、スパイスと合わせて焼き菓子にしたり。ふんわりしたシフォンケーキに茶葉を砕いてまるごと焼き込んでもおいしく、煮だしてアイスクリームにしても口の中ですっと溶けて風味が広がります。

# 煎茶

「煎茶」は、日本茶の代表茶。お茶の葉を摘み取った後すぐに蒸して、成分が出やすいようによく揉んで、のばしながら乾燥させてつくります。摘み取った後すぐに加熱するので、葉が酸化発酵せず、緑色のきれいな、清々しい味のお茶ができます。製法により、普通煎茶、蒸し製玉緑茶、深蒸し煎茶などがあります。（P.125参照）

お菓子にする時は
フルーツや乳製品と合わせると相性がよく、甘さがコクとなって
煎茶の風味がより引き出されます。
冷たい中で抽出すると、旨味が引き出されてまろやかになり、
温めて抽出したり、高温で焼くと香りと苦みがでます。
私の好きな煎茶からお菓子にしてもおいしい5つを紹介します。

**普通煎茶（藤かおり）**
黄色みのある緑色の水色。ジャスミンの花のような香りがある。香りを引き立たせたいシロップや焼き菓子に使います。

**蒸し製玉緑茶（さえみどり）**
緑が深く、旨味が強い。冷たいクリームでゆっくり浸出させると、旨味と深い緑色が楽しめます。ショートケーキにおすすめです。

**深蒸し煎茶（さえみどり）**
茶葉は鮮やかな緑色。甘みがあり、渋みや苦みが少ない。水色も美しく、まろやかなので、どのような冷菓にも焼き菓子にも使えます。

**深蒸し煎茶（7132）**
桜餅のような花の香りが特徴。加熱すると香りがたつので、スコーンやグラノーラなどに使います。

**深蒸し煎茶（あさつゆ）**
鮮やかな濃い緑色で、甘みが強く独特な香りがある。水色がきれいでまろやか。どのようなお菓子にも使えますが、焼き菓子にすると、枝豆のようなほっこりした香りが立ちます。

# 煎茶のマドレーヌ

お茶の葉をまるごと生地に入れるので、
茶葉が細かい深蒸し煎茶がむいています。
「あさつゆ」という苦みがなく、
ゆでた枝豆のようなほっこりした香りのお茶を使い
まろやかな風味にしました。
柑橘類をたすと味と香りに深みがでます。

深蒸し煎茶（あさつゆ）

**材料**（3cm、15mlのマドレーヌ型24個分）
煎茶 … 5g
牛乳 … 40g
卵 … 1個
砂糖 … 70g
薄力粉 … 80g
ベーキングパウダー … 小さじ½
バター（食塩使用）… 70g
柚子の皮のすりおろし … ¼個分

★柚子の皮のすりおろしのかわりに、国産オレンジの皮のすりおろし、小さく切ったオレンジピールなどを加えてもおいしい。
★バターは、食塩不使用のバターに塩少々加えたものでもよい。

表面をこする

**準備**
★煎茶の茶葉をすり鉢ですって細かくする。
★バターを溶かし、熱い湯煎にうかべたまま冷めないようにしておく。
★オーブンを190℃に予熱する。

**作り方**
1 ボウルに細かくした煎茶をふるい入れ、牛乳を加えて15〜30分おく。
2 1に卵、砂糖を加えて泡立て器で混ぜる。
3 薄力粉とベーキングパウダーをふるい入れ、混ぜる。
4 溶かしバター、柚子の皮を加えて混ぜる。
5 型にバター（分量外）を塗り、生地を八〜九分目まで入れる。
6 190℃のオーブンで、12分焼く。型からケーキクーラーに取り出し、粗熱が取れたら乾かないように容器に入れて冷ます。

★保存の目安は常温で5日、冷蔵で7日。

マドレーヌ型は形も大きさもいろいろあります。大きいマドレーヌ型は、パリのお菓子屋さんのオリジナルで、大切にしています。

# 煎茶クリームのショートケーキ
作り方→P.14

# 煎茶のレアチーズケーキ
作り方→P.16

# 煎茶クリームのショートケーキ

牛乳と生クリームの中に煎茶を一晩つけると、ゆっくりと旨味が移ります。
低い温度でお茶の成分を出すので苦みは一切なく、
旨味と甘みが引き立った上品なクリームができ上がり、
いちごの酸味やスポンジのふんわり感、卵の味となじみます。
緑色が深く、旨味の強いお茶、蒸し製玉緑茶(さえみどり)を使いました。

**材料**(直径15cmの底の取れる丸型1台分)
煎茶クリーム
　煎茶 … 10g
　牛乳 … 20g
　生クリーム … 200g
　砂糖 … 15g
スポンジ生地
　バター(食塩不使用) … 10g
　米油 … 10g
　卵 … 2個
　砂糖 … 60g
　薄力粉 … 60g
いちご … 200g
煎茶シロップ … 適宜　(P.19ブランマンジェ参照、ただしミントは入れない。)

**準備**
★ 煎茶クリームをつくる準備をする。(作り方1参照)
★ 煎茶シロップをつくる。
★ スポンジ生地の材料は室温に戻す。
★ オーブンを160℃に予熱する。

新茶の季節に、
新茶の葉を飾りました。

蒸し製玉緑茶（さえみどり）

煎茶

**作り方**

**1 煎茶クリームをつくる準備をする。** ボウルに煎茶の茶葉を入れて、牛乳を注いで2分ほどおいてから生クリームを注ぐ。ラップをして冷蔵庫で一晩（6時間以上）おいて、煎茶の風味を濃いめにつける。冷蔵庫の匂いがつかないように気をつける。（ビンなどに入れてもよい。）

**2 スポンジ生地をつくる。** 小さいボウルにバターと米油を入れて、湯煎にかけてバターを溶かし、冷めないようにする。

**3** 別のボウルに卵を割り入れ、砂糖を加えたらハンドミキサーでしっかり泡立てる。

**4** 薄力粉をふるい入れ、泡立て器ですくいあげるようにゆっくり混ぜる。

**5** 2を温かい状態のまま加えて、ゴムベラで混ぜる。

**6** 型に流し入れて表面を平らにし、天板にのせて160℃のオーブンで30分焼く。焼き上がったらケーキクーラーの上で逆さまにして冷ます。

**7** しっかり冷めたら、パレットナイフを型と生地の間の側面にぐるりと入れて、型からはずす。底もパレットナイフを入れてはずす。1cmの厚みに4枚に切る。

**8** いちごを洗って水気を拭き取って、へたを取って縦に3枚に切る。飾り用に3個は切らずにとっておく。

**9 煎茶クリームをつくる。** ボウルに1を万能こし器でこして入れ（ゴムベラで茶葉をぎゅっと押しつけて絞るようにする）、砂糖を加えて混ぜて溶かす。別のボウルに1/3を移し、ラップをして冷蔵庫に入れ、残りを角が立つくらいの八分立てに泡立てる。

**10 組み立てる。** 7のスポンジを元の順に重ねる。下のスポンジを置いたら煎茶シロップを刷毛で塗り、9で八分立てにした煎茶クリームの1/4をパレットナイフで塗る。8のいちごを重ならないように均等に並べる。同様にしてスポンジをのせ、シロップを塗り、クリームを塗り、いちごをのせる。この工程をもう2回くり返し、最後はスポンジをのせ、表面にシロップを塗り、残りの煎茶クリームを側面の隙間に塗り込み、表面に薄く下塗りをする。（下塗りのクリームが足りない場合は、9で残しておいた煎茶クリームを泡立てて使用する。）

**11** 9で残しておいた煎茶クリームを六分立てに泡立て、表面にたっぷりのせパレットナイフで表面に塗り、側面に筋をつける。

**12** 飾り用のいちごをのせる。冷蔵庫で30分以上冷やし、なじませる。

★保存の目安は冷蔵で2日。

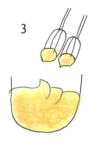

3

少しの間
羽根の中に生地が
とどまる

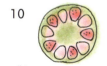

10

となりどうし
表と裏と交互で
内側にいちごの先を
向ける

11

ナイフの先をそっとあて
下から上になでつける

# 煎茶のレアチーズケーキ

クリームチーズと煎茶を使った、口溶けのよい冷たいお菓子。
アクセントはすだちの香り。
苦みが少なく、さわやかで旨味の強い、深蒸し煎茶（さえみどり）を使い、
きれいな緑色にクリームチーズを染めます。
チーズの風味に負けないように、茶葉をまるごと入れていただきます。

**材料**（18cm×23cmのバット1台分）
ダコワーズ生地
- 卵白 … 40g
- 砂糖 … 15g
- 和三盆糖（粉糖）… 15g
- アーモンドパウダー … 30g
- 薄力粉 … 5g
- 煎茶 … 2g
- すだちの皮のすりおろし … 1/2個分
- 粉糖 … 適宜

レアチーズクリーム
- 煎茶 … 5g
- 牛乳 … 100g
- 板ゼラチン … 1枚（3.5～4g）
- 冷水 … 適量
- クリームチーズ … 200g
- 砂糖 … 60g
- すだちの果汁 … 小さじ1
- 生クリーム … 100g

飾り用
- 生クリーム … 40g
- すだち … 1個（輪切り）

**準備**
★ 煎茶の茶葉をすり鉢ですって細かくする。
★ 天板にオーブンペーパーを敷く。
★ 絞り袋に丸口金 #10 をつける。
★ オーブンを180℃に予熱する。

深蒸し煎茶（さえみどり）

煎茶

口金のついたしぼり袋を
折り返してコップなどに
セットする

**作り方**

1 ダコワーズ生地をつくる。ボウルに卵白と砂糖全部を加えて泡立てて、しっかりしたメレンゲをつくる。和三盆糖、アーモンドパウダー、薄力粉、煎茶をふるい入れ、すだちの皮のすりおろしを加えてゴムベラで混ぜる。

2 絞り袋に入れ、オーブンペーパーを敷いた天板に、バットの底の大きさに合わせて1本1本がくっつくように、全体が長方形になるように絞る。粉糖を茶こしに通し、表面にふりかける。粉糖が溶けてなじんで見えなくなったら、もう一度ふりかける。

3 180℃のオーブンで12分焼く。焼き上がったら、オーブンペーパーごとケーキクーラーにのせ、冷めたら紙をはがし、はみ出た所を包丁で切り取り、バットの底に敷く。

4 レアチーズクリームをつくる。ボウルに細かくした煎茶、牛乳を入れて1時間おく。あればミキサーにかけてさらに茶葉を細かくして茶葉ごと、鍋に入れる。（ミキサーが無い場合は万能こし器でこして、残った茶葉は入れない。）

5 板ゼラチンを冷水に浸して5分おく。ふやけたら4を温め、80℃くらいになったら火を止め、水気をきった板ゼラチンを加えて溶かす。すだちの果汁を加える。

6 別のボウルにクリームチーズを入れて砂糖を加え、なめらかになるまでゴムベラで混ぜる。5に3回に分けて加え、そのつど泡立て器でしっかり混ぜる。ボウルの底を氷水で冷やし、クリームを冷たくする。

7 別のボウルに生クリームを入れて八分立てに泡立て、6に2回に分けて加え、均等に混ざったら3に流し入れて表面を平らにならす。冷蔵庫で2時間冷やして固める。

8 別のボウルで飾り用の生クリームを八分立てにし、絞り袋に入れる。輪切りにしたすだちをのせ、生クリームを絞る。（生クリームはスプーンで盛りつけてもよい。）

端はしぼる
中心はうすく切り
種をとる

★保存の目安は密閉容器に入れて冷蔵で3日。

★ダコワーズ生地のかわりに、スポンジ生地を厚さ1.5cmに薄く切ってもよい。
　ダコワーズ生地をつくらず、グラスに入れて冷やしてもおいしい。

★すだちのかわりに、柚子、かぼす、レモンなど別の柑橘類でもよい。

# 煎茶のブランマンジェ

煎茶の風味を牛乳に移してゼラチンで固め、
ミントの香りを加えた、
さわやかな煎茶シロップでいただきます。
温めて煎茶の香りをたてたら、すぐに冷やすのがポイント。
鮮やかな緑色で、甘みがあり、苦みが少ないお茶、
深蒸し煎茶（さえみどり）がおすすめです。

深蒸し煎茶（さえみどり）

**材料**（120mlの容器4個分）

| 粉ゼラチン … 5g | ミント風味の煎茶シロップ |
| 水 … 15g | 煎茶 … 6g |
| 牛乳 … 220g | 湯 … 120g |
| 煎茶 … 5g | 氷 … 60g |
| 砂糖 … 20g | 砂糖 … 40g |
| 生クリーム … 80g | ミント … 少々 |

飾り用
| メロン … 適宜

**作り方**

**1** 粉ゼラチンを分量の水にふり入れてふやかす。
**2** 鍋に牛乳と煎茶を入れて中火にかけ、沸騰直前で火を止め、蓋をして1分おく。
**3** **2**を万能こし器でこしてボウルに入れ、砂糖と**1**のゼラチンを加え、混ぜて溶かす。
**4** ボウルの底を氷水にあてて冷やす。
**5** 生クリームを加えて混ぜ、型に流して冷蔵庫で3時間冷やす。
**6 ミント風味の煎茶シロップをつくる。**急須に茶葉を入れ、一度沸騰させて85℃に冷ましたお湯を注いで30秒おき、お茶を淹れる。砂糖とミントを加えて混ぜて砂糖を溶かし、氷を加えて急冷してから、冷蔵庫で冷やす。
**7 5**を型から出して器にのせ、**6**のシロップをかけ、丸くくりぬいたメロンを添える。

★保存の目安は冷蔵で3日。

型からの出し方

7-1 湯につける → 7-2 皿をのせる → 7-3 逆さまにする

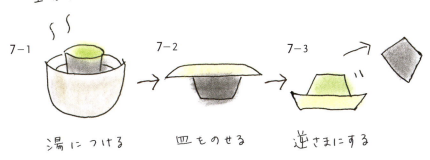

# 煎茶のマカロン

新茶の季節のプレゼントにいかがでしょう。
深蒸し煎茶を使うと、マカロン生地の色と香りもさわやか。
さえみどりなら、さらに緑色が深くなります。
クリームにも煎茶の風味を加え、甘さはひかえめにしました。
粒あんや白あんとバター、チョコレートガナッシュや、
煮詰めたマーマレードなどをはさむのもおすすめです。

深蒸し煎茶（さえみどり）

**材料**（18個分）

マカロン生地
- 煎茶 … 2g
- 卵白 … 45g
- 砂糖 … 35g
- アーモンドパウダー … 45g
- 粉糖 … 60g

煎茶クリーム
- 煎茶 … 2g
- クリームチーズ … 30g
- バター（食塩不使用）… 30g
- 砂糖 … 5g
- 桜の花の塩漬け … 9個

**準備**
★煎茶の茶葉をすり鉢ですって細かくする。
★桜の花の塩漬けは水で洗い、水気を拭き取り、1つを半分にする。
★絞り袋に丸口金#8をつける。
★天板にオーブンペーパーを敷く。
★オーブンを140℃に予熱する。

**作り方**

1 **マカロン生地をつくる。**ボウルに細かくした煎茶を入れ、卵白を加える。

2 砂糖の分量の中から小さじ1を加え、泡立て器で泡立てる。白っぽく空気を含んできたら砂糖を少しずつ数回に分けて加え、さらに泡立てる。

3 最後の砂糖を入れた後、しっかり角が立つように泡立て、最後に泡立て器の羽根を大きくぐるぐるとまわして混ぜ、キメを整える。砂糖が溶けきったら泡立てるのをやめる。

4 アーモンドパウダー、粉糖をふるい入れ、ゴムベラで混ぜる。生地がゆるんでとろりとしてきたら混ぜるのをやめる。

5 口金をつけた絞り袋に入れ、オーブンペーパーを敷いた天板に間隔をあけて直径3cm弱の円形に36個絞る。

6 140℃のオーブンで8分焼き、天板の前後を入れかえてさらに6分焼く。マカロンの上面を触って、前後左右に動かないくらいが、焼き上がりの目安。焼きすぎないように注意しましょう。

7 焼けたら天板を取り出し、オーブンペーパーごとケーキクーラーの上で冷ます。冷めたらそっとオーブンペーパーをはがし、大きさを合わせて2個1組にする。

8 **煎茶クリームをつくる。**ボウルに細かくした煎茶、クリームチーズ、バター、砂糖を入れて練り混ぜる。

9 マカロン1個に煎茶クリームをスプーンでのせ（または絞り袋に入れて絞る）、半分にした桜の花を1つのせ、もう1個ではさむ。

★保存の目安は密閉容器に入れて冷蔵で3日。早めに食べきる。

マカロンの絞り出し方

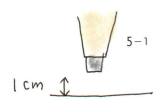

5-1
1cm

5-2
にぎって出す
口金の位置を
動かさない

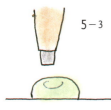

5-3
にぎるのを止めてから
そっと離す
角が立たない終わり方です

# 煎茶ミルクジェラート

煎茶のミルクジェラートをつくるのなら
きれいな色で香りがよい
蒸し製玉緑茶(さえみどり)がおすすめです。
細かい葉がミルクの中に溶け込むので、
しっかりと煎茶の風味はするけれど、舌にはあたらずなめらか。
ミルクに入れてさっと沸かすと、香りが引き立ちます。

蒸し製玉緑茶（さえみどり）

### 材料
煎茶 … 6g
牛乳 … 200g
砂糖 … 60g
プレーンヨーグルト … 50g
生クリーム… 100g

### 作り方

**1** 鍋に煎茶と牛乳を入れて弱火にかけ、沸騰直前で火を止め、蓋をして1分おく。

**2** ボウルに万能こし器をのせて**1**を注ぎ、こす。（適度にお茶の細かい部分が入ると風味がよくなる。）砂糖を加えて混ぜ、溶かしてから、ボウルの底を氷水にあてて冷やす。

**3** プレーンヨーグルトを加えて混ぜる。次に生クリームを加えて混ぜる。

**4** バットに流し入れ、バットを冷凍庫に入れて冷やし固める。

**5** やっと固まったくらいで取り出し、フォークでふわふわになるように削る。再び冷やして固め、フォークで同様に削る。これを数回くり返す。

**6** 食べる直前にゴムベラで練る。

＊アイスクリーマーがある場合は、**4**でバットのかわりにアイスクリーマーに入れてでき上がり。

＊保存の目安は保存容器に入れて冷凍で約2週間。

2-1
ザルでこす
ヘラで押す

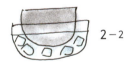

2-2
氷水で冷やす

5
フォークで
混ぜる

# 煎茶のスコーン

深蒸し煎茶のなかでも高温で焼くと
桜餅のような花の香りが漂う「7132」を使いました。
焼きたては、ほのかに桜餅のような甘い香りがします。
冷めてもどことなくこの香りが残っておいしいです。

深蒸し煎茶／7132

**材料**(9個分)

| 煎茶 … 5g
| 牛乳 … 25g
薄力粉 … 150g
砂糖 … 20g
ベーキングパウダー … 小さじ1
塩 … 少々
バター(食塩不使用) … 25g
溶き卵 … 30g
プレーンヨーグルト … 50g

★プレーンヨーグルトのかわりに、生クリームでもよい。

**準備**

★煎茶の茶葉をすり鉢ですって細かくする。
★小さいボウルに細かくした煎茶を入れて牛乳を注ぎ、冷蔵庫で1時間おく。
★天板にオーブンシート(またはオーブンペーパー)を敷く。
★オーブンを190℃に予熱する。

**作り方**

1 ボウルに薄力粉、砂糖、ベーキングパウダー、塩をふるい入れ、バターを加えて手でバターと粉類をおからのようにさらさらになるまで、なじませる。
2 1時間おいた煎茶と牛乳のボウルに、卵、プレーンヨーグルトを加えて混ぜ合わせる。1に加えてゴムベラで混ぜ、まとめる。
3 打ち粉(分量外の強力粉、または薄力粉)をした台に出し、生地の上面にも打ち粉をしてめん棒で長方形にのばし裏返して3つに折り畳む。生地の向きを90度変え、再び長方形にのばし、裏返して3つに折り畳む。2cmの厚みに整えてラップで包んで冷蔵庫で30分〜1時間休ませる。
4 ラップから取り出して打ち粉をした台にのせ、めん棒で厚さ1.5cmにのばし、直径4.5cmの丸型で6個抜く。残った生地は3つに分けて丸める。
5 オーブンシートを敷いた天板に並べ、溶き卵(分量外)を刷毛か指で塗り、190℃のオーブンで13分焼く。

★焼いた当日がおいしい。
★保存の目安は常温で2日、冷蔵で3日。

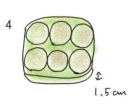

卵ぬると表面
ピカピカに

# 煎茶のパンケーキ

煎茶の香りが焼いている間に漂う、ふんわりパンケーキ。
夜焼いて、朝温めて食べても煎茶の風味を感じます。
ソーセージなどを添えて軽食にしたり、
はちみつ、ゆで小豆などに、好みの果物を添えてもよいでしょう。
深蒸し煎茶（さえみどり）を使いました。

深蒸し煎茶（さえみどり）

**材料**（直径約7cm6枚分）

煎茶 … 5g
水 … 40g
プレーンヨーグルト … 40g
卵黄 … 1個分
砂糖 … 10g
塩 … ひとつまみ
米油 … 15g
薄力粉 … 80g
ベーキングパウダー … 小さじ2/3
│卵白 … 1個分
│砂糖 … 10g
バナナ（輪切りにしたもの）… 適宜
ブルーベリー … 適宜
メープルシロップ … 適宜
バター（有塩、無塩は好みで）… 適宜

**準備**
★煎茶の茶葉をすり鉢ですって細かくする。

**作り方**
1 ボウルに細かくした煎茶を入れ、水、プレーンヨーグルトを加えて混ぜる。
2 卵黄、砂糖、塩、米油を加えて泡立て器で混ぜ、薄力粉とベーキングパウダーを加え、なめらかになるまで混ぜる。
3 別のボウルに卵白と砂糖を入れ、ふんわりとして角が立つまで泡立てる。
4 3を2に2回に分けて加える。1度目は泡立て器で、2度目はゴムベラを使い、さっくりと混ぜる。
5 直径26cmのフライパンを熱し、バター（分量外）を薄く塗る。火を弱めて生地を大きめのスプーン2杯ほど流し、スプーンの背で直径7cmぐらいに丸くする。蓋をして生地の表面に穴があくまで待つ。
6 裏に返し、表面を触って弾力が出てきたら取り出す。
7 皿に、1人につき3枚パンケーキを盛りつける。バター、バナナの輪切り、ブルーベリーをのせ、メープルシロップをかける。

★ 保存の目安は冷蔵で2日。冷凍保存もできる。焼きたて以外は温める。

# 煎茶のグラノーラ

煎茶の香りがして、ほのかな苦みを感じるグラノーラです。
そのままぽりぽり食べたり、ヨーグルトや牛乳をかけたり、
アイスクリームとゆで小豆を添えて
パフェのようにして食べてもおいしいです。
深蒸し煎茶がおすすめです。
焼くと香りが桜餅のような
「7132」という品種のお茶を使いました。

深蒸し煎茶（7132）

**材料**
煎茶 … 5g
はちみつ … 30g
牛乳 … 20g
米油 … 25g
オートミール … 50g
全粒粉 … 25g
アーモンド（スライスなど）… 20g
くるみ … 10g
ココナッツフレーク … 10g
好みのドライフルーツ … 合わせて20g（杏、クランベリー、レーズンなど）

**準備**
★煎茶の茶葉は好みの大きさにする。細かい葉はそのまま、大きい葉は少し細かくする。（全部細かくしてもよい。）
★天板にオーブンペーパーを敷く。
★オーブンを150℃に予熱する。

**作り方**
1 ボウルに煎茶、はちみつ、牛乳を入れて混ぜる。
2 米油を加えて混ぜる。
3 ドライフルーツ以外の材料を全て加え、なじませるように混ぜる。
4 オーブンペーパーを敷いた天板に薄く広げて、150℃のオーブンで30分焼く。20分たったところで上下を返すと、焼き上がりが均等になる。
5 冷めたらドライフルーツを加え、さっと混ぜ合わせる。

★保存の目安は密閉容器に入れて常温で1週間。
★お茶は普通煎茶にしてもまた別の味わいになりおいしい。紅茶やほうじ茶にかえても楽しめる。

グラノーラ 使い方 いろいろ

とかしたチョコレートを混ぜてバーにしても

フルーツ
アイス
ホイップクリームで
パフェ

チーズケーキのベースに

大きめに作ってそのままクッキーのように

# 煎茶いちご大福

求肥にお茶の色と風味をしっかり移します。
深蒸し煎茶(さえみどり)を使うと、
蓬のような深い緑色の大福になります。

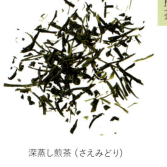

深蒸し煎茶(さえみどり)

**材料**(8個分)
白玉粉 … 90g
水 … 120g
砂糖 … 20g
煎茶 … 3g
白あん(市販品) … 200g
いちご … 8個(小粒のもの)
片栗粉 … 適量

**準備**
★煎茶の茶葉をすり鉢ですって細かくする。
★いちごは洗って水気を拭き、ヘタを取る。
★白あんを1つ25gにし、いちごを包んで丸める。
★まな板やバットに、茶こしで片栗粉をふる。

**作り方**
1 耐熱のボウルに白玉粉と水を入れ、ゴムベラでなめらかになるまで練る。砂糖、煎茶の順に加え、そのつど混ぜる。
2 ふんわりラップをして600Wの電子レンジで1分間加熱する。ゴムベラを水で濡らし、さっくり混ぜる。
3 再びラップをして電子レンジで同様に加熱する。ゴムベラを濡らし、さっくり混ぜる。再び600Wの電子レンジで30秒加熱する。
4 3の生地を濡れたゴムベラで、準備した片栗粉の上に取り出す。少しおいて手前に半分に折り畳み棒状(なまこ形)にする。
5 さわれるくらいに冷めたら、人差し指と親指の内側に片栗粉をつけて、生地の真ん中で人差し指と親指を閉じて生地を半分に切る。(指の輪でちぎるように。)さらに半分にし、さらに半分にし、8個に分ける。ひとつずつ片栗粉の上に、きれいな面を下にして置く。(下にした面は生地が乾かず、きれい。あんを包む時は、きれいな面を外側にすると、生地がよくのびて包みやすい。)
6 指に片栗粉をつけて生地を丸く薄くのばす。直径8cmの円形になったら真ん中にいちごを包んだ白あんをのせて包み込み、指でつまんで閉じる。閉じ口を下にして片栗粉の上に置く。同様にして8個作る。手につくようなら片栗粉を薄く全体にまぶす。

★保存の目安は密閉容器に入れて常温で1日、冷蔵で2日。固くなったら、数秒レンジにかけて戻すとよい。

あんの包み方

## 煎茶&ほうじ茶のボンボンショコラ

煎茶の繊細な旨味と苦みはホワイトチョコレートと合わせると、
よく引き立ちます。色もほんのり薄緑色が透けてきれいです。
ほうじ茶のボンボンショコラは、
半発酵のほうじ茶を煮出すと、花のような香りが楽しめます。

深蒸し煎茶（さえみどり）

半発酵のほうじ茶

**材料** 各26個分（24個＋端の部分2個）

煎茶のボンボンショコラ
煎茶のガナッシュ
| 煎茶 … 5g
| 生クリーム（乳脂肪分40%）… 90g
| ホワイトチョコレート … 90g
| バター（食塩不使用）… 15g
ホワイトチョコレート … 150g
仕上げ用
煎茶 … 小さじ1

ほうじ茶のボンボンショコラ
ほうじ茶のガナッシュ
| ほうじ茶（半発酵のほうじ茶）… 5g
| 生クリーム（乳脂肪分40%）… 100g
| ミルクチョコレート … 90g
| バター（食塩不使用）… 10g
セミスイートチョコレート … 150g
仕上げ用
ほうじ茶（てん茶入りのもの）… 小さじ1

**準備**
★容器（11cm×14cmの流し缶）にオーブンペーパーを敷き込む。
★仕上げ用のバットを裏返し、オーブンペーパーを敷く。（バットは裏返すとのせやすい。）
★チョコレートは板状の場合は刻み、タブレット状の場合はそのまま使用する。

**作り方**[煎茶とほうじ茶は共通。（　）内は、ほうじ茶の場合]
1 小鍋に煎茶（ほうじ茶）と生クリームを入れ、中火にかける。
2 沸騰したら弱火にし、2分煮て火を止め、蓋をして1分おき、茶こしでこして60g（70g）量る。60g（70g）に満たなければ生クリームを加える。
3 2と同時に、耐熱ボウルにホワイトチョコレート（ミルクチョコレート）を入れてふんわりとラップをかけ、300Wの電子レンジで2分加熱し、6割ほど溶かす。
4 3のホワイトチョコレート（ミルクチョコレート）に2の煎茶（ほうじ茶）風味の生クリームを注ぎ、ゴムベラで混ぜてなめらかになるまでチョコレートを溶かす。バターを加えて混ぜて溶かす。
5 準備した容器に流して表面を平らにし、冷蔵庫で一晩冷やす。
6 耐熱ボウルにホワイトチョコレート（セミスイートチョコレート）を入れ、ふんわりとラップをかけて300Wの電子レンジで3分加熱し、ゴムベラで混ぜて溶かす。
7 5で固めたチョコレートを取り出し、6で溶かしたチョコレートを小さじ1〜2ほど表面にのせ、パレットナイフでうすくのばして塗る。乾いたら逆さまにしてオーブンペーパーをはがし、はがした面にも同様にチョコレートをのせ、のばして塗る。
8 まな板にのせ、温めた包丁で4辺の端を切り落とし、24等分の正方形に切り分ける。包丁は温め、汚れを拭き取りながら切るときれいに切れる。
9 ホワイトチョコレート（セミスイートチョコレート）が残っているボウルを布巾の上に置いて傾け、8のチョコレートを浸し、チョコレートフォークですくい上げる。余分なチョコレートを振り落とし、オーブンペーパーを敷いた仕上げ用のバットにのせる。8で切り落とした部分は丸め、同じようにホワイトチョコレート（セミスイートチョコレート）にくぐらせてをコーティングする。
10 見ためと食感のアクセントになるように、煎茶（ほうじ茶）をのせる。

★保存の目安は冷蔵で1週間。冬は涼しいところでもよい。

# 煎茶シロップ＆ほうじ茶シロップのかき氷

ふんわりかいた氷に、香りよく濃いめに抽出したシロップをたっぷりかけます。
写真の煎茶のかき氷（左）は、普通煎茶（藤かおり）でつくりましたが、
深蒸し煎茶（さえみどり）を使うと、まろやかになるので、砂糖は少なめにしました。
お茶のシロップの程よい苦みで口の中もさっぱり、さわやか。
フルーツ、白玉、ゆで小豆を加えると、ちょっと贅沢なおやつに。
すいかやバニラアイスをのせると、より夏らしくなります。

深蒸し煎茶／さえみどり

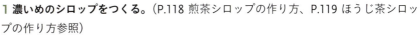

普通煎茶／藤かおり

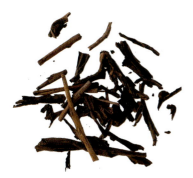

ほうじ茶（焙煎の深いもの）

**材料(つくりやすい分量)**

濃い煎茶シロップ
- 普通煎茶（藤かおり）… 20g
- 熱湯 … 280g（60℃に冷ます）
- 砂糖 … 90g

- 深蒸し煎茶（さえみどり）… 20g
- 熱湯 … 280g（70℃に冷ます）
- 砂糖 … 80g

濃いほうじ茶シロップ
- ほうじ茶（焙煎の深いもの）… 15g
- 熱湯 … 300g
- きび砂糖 … 100g

氷 … 適量

白玉（10個分）
- 白玉粉 … 40g
- 水 … 50g

煎茶シロップかき氷
- パイナップル … 適量
- キウイ … 適量
- 練乳 … 適量

ほうじ茶シロップかき氷
- すいか … 適量
- ゆで小豆 … 適量

**作り方**

**1 濃いめのシロップをつくる。**（P.118 煎茶シロップの作り方、P.119 ほうじ茶シロップの作り方参照）

**2 白玉をつくる。** ボウルに白玉粉と水を入れて練り、10等分にして丸める。小鍋に湯を沸かしてゆで、冷水に取って冷やす。

●煎茶シロップのかき氷の仕上げ
器に1cm角に切ったパイナップルを入れ、煎茶シロップ大さじ2を加えてあえる。その上に削った氷を入れ、軽く押さえながら盛り、ふんわりと盛りつける。白玉、輪切りのキウイを盛りつけて練乳をかけ、最後に煎茶シロップをかける。

●ほうじ茶シロップのかき氷の仕上げ
器に小さめの一口サイズに切ったすいかを入れ、ほうじ茶シロップ大さじ2を加えてあえる。その上に削った氷を入れ、軽く押さえながら盛り、ふんわりと盛りつける。白玉とすいかを盛りつけてほうじ茶シロップをかけ、最後にゆで小豆をのせる。

# ほうじ茶

お菓子にする時は、
香ばしくコクのある風味、
澄んだ琥珀色の美しさを引き出すために少し濃いめに淹れます。
ミルクなどの乳製品に味と香りをだしたい時は、煮だしましょう。
甘みと相性が良く、ハーブやフルーツとも合います。
私は以下の4種のほうじ茶を常備していて、お菓子にもよく使っています。

ほうじ茶はその名の通り、でき上がったお茶をほうじてつくります。そのため含まれているカフェインは煎茶に比べるとぐっと少なく、体にやさしいお茶です。熱湯で淹れ、どこかほっとした焙煎の香りも楽しみしめましょう。茎が多いほうじ茶は、水色は薄く、さっぱりとした甘みがあります。葉が多いほうじ茶は、水色が濃く、少し苦みや渋みがでて濃厚です。

**ほうじ茶（焙煎が深いもの）**
焙煎が深いので、色が濃く風味も強い。焼き菓子にも使えますが、煮だして使うお菓子（プリン、カステラなど）におすすめです。

**ほうじ茶（てん茶入りのもの）**
てん茶（抹茶の原料にもなる上質な煎茶）の葉が入り、味のバランスがとれている。長く湯に浸すと少し苦みがでます。煮だしても、粉にして焼き込んでも良い。

**茎ほうじ茶**
棒茶ともいわれます。独自の焙煎方法で茶葉は緑色をしています。淹れると水色は淡い茶色になります。ほっとするような香りとコクがあり、冷菓によく使います。

**半発酵のほうじ茶**
烏龍茶のようで、マスカットを思わせる香りです。コクがあるけれどさわやか。香りを楽しむチョコレートやシロップ、冷たいお菓子に使いました。

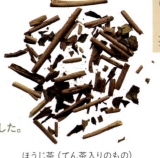

ほうじ茶（てん茶入りのもの）

# ほうじ茶ダコワーズ

アーモンドパウダーと卵白でつくるふんわりした生地で、
ほうじ茶の香ばしくて甘い香りが引き立ちます。
クリームもほうじ茶が隠し味になった
コクのあるキャラメル風味。
ほどよい苦みがでる、てん茶(葉)の入ったほうじ茶を使いました。

**材料**（直径約4cm13個分）

ほうじ茶ダコワーズ生地
- 卵白 … 80g
- きび砂糖 … 30g
- 和三盆糖（粉糖）… 25g
- アーモンドパウダー … 60g
- 薄力粉 … 10g
- ほうじ茶 … 3g
- 粉糖（表面用）… 適宜

ほうじ茶キャラメルクリーム（作りやすい分量）
- ほうじ茶 … 3g
- 生クリーム … 35g
- 牛乳 … 15g
- 生クリーム … 15g
- 砂糖 … 50g

ほうじ茶キャラメルバタークリーム
- ほうじ茶キャラメルクリーム … 60g
- バター（食塩不使用）… 60g

**準備**

★ダコワーズ生地用のほうじ茶の茶葉をすり鉢ですって粉状にする。
★絞り袋に丸口金#10をつける。
★天板にオーブンペーパーを敷く。
★オーブンを180℃に予熱する。

**作り方**

**1** ほうじ茶ダコワーズ生地をつくる。ボウルに卵白を入れ、きび砂糖を加えてしっかりとしたメレンゲに泡立てる。

**2** 和三盆糖、アーモンドパウダー、薄力粉、ほうじ茶をふるい入れ、ゴムベラで混ぜる。

**3** 丸口金をつけた絞り袋に入れ、オーブンペーパーを敷いた天板に間隔をあけて、直径4cmの丸形にこんもりと26個絞る。表面に茶こしを通して粉糖をふりかけ、粉糖がなじんで見えなくなったら、もう一度粉糖をふりかける。

**4** 180℃のオーブンで12分焼く。ケーキクーラーにのせ、冷めてからオーブンペーパーをはがす。

**5** ほうじ茶キャラメルクリームをつくる。小鍋にほうじ茶、牛乳、生クリーム35gを入れて弱火にかけ、沸騰したら3分間煮て、万能こし器でこし、ほうじ茶ミルクを作り、35g量る。

**6** 5のほうじ茶ミルク35gに、生クリーム15gを加えて50gにする。

**7** 別の小鍋に砂糖50gを入れて火にかけ、砂糖が溶けて茶色く色づいてきたら火を止め、6のほうじ茶ミルクを3〜4回に分けて加え、なじませながら混ぜ、ほうじ茶キャラメルクリームをつくる。

**8** ほうじ茶キャラメルバタークリームをつくる。7のほうじ茶キャラメルクリームを60g量り、同量のバターをホイップして混ぜ合わせる。

**9** 4のほうじ茶ダコワーズ1個に、ほうじ茶キャラメルバタークリームを絞り出してもう1個ではさむ。冷蔵庫で30分冷やす。

★ほうじ茶キャラメルバタークリームの他には、少し煮詰めた杏ジャムも合います。
★保存の目安は密閉容器に入れて冷蔵で3日。

ダコワーズの絞り出し方

3-1

1.5cm

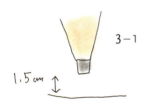

3-2

口金を動かさずにぎる
（と生地がでてくる）

3-3

にぎるのを止め
そっと横にずらし
離すと角が立たない

## ほうじ茶プリン

焙煎の深いほうじ茶を使って
ほの甘くて濃い茶色のプリンにしました。
ほうじ茶風味は、キャラメルソースとよく合います。
バナナと生クリームを添えて
おもてなしのお菓子にしてはいかがでしょう。

### 材料（120mlのアルミプリンカップ5個分）

キャラメルソース
　砂糖 … 40g
　ぬるま湯 … 小さじ2
牛乳 … 350g
ほうじ茶 … 10g
卵 … 2個
卵黄 … 1個分
砂糖 … 60g
飾り用
　バナナ … 2本
　生クリーム … 60ml

ほうじ茶（焙煎の深いもの）

### 準備

★型に分量外のバター（食塩不使用）を薄く塗る。
★ほうじ茶をすり鉢ですって細かくする。
★湯煎用の湯を沸かす。
★オーブンを150℃に予熱する。

### 作り方

**1** キャラメルソースをつくる。小鍋に砂糖とぬるま湯小さじ1を入れ、蓋をして火にかける。砂糖が溶けて茶色く色づいてきたら蓋を取り、鍋をまわして色を均一にする。濃い茶色（醤油のような色）になったら火を止め、ぬるま湯小さじ1を加え、耐熱ゴムベラで混ぜる。型に均等に流し入れる。

**2** 鍋に牛乳とほうじ茶を入れて火にかけ、沸騰したら2分煮て、万能こし器でこしながら別の容器（大きめの計量カップなど）に入れ、粗熱を取る。万能こし器の茶葉を取り除く。

**3** ボウルに卵と卵黄、砂糖を入れて泡立て器で混ぜる。**2**のほうじ茶牛乳を入れ、泡立て器で混ぜる。

**4** **2**の茶葉を取り除いた万能こし器でこしながら、**2**の容器に戻し入れる。

**5** **1**の型に均等に流し入れ、キッチンペーパーを敷いた天板に並べる。

**6** 150℃のオーブンに入れ、天板に湯を1cm注ぎ、25分湯煎で焼く。（天板にキッチンペーパーを敷いておくと型が動かず安心です。）

**7** 真ん中を指で触った時、かすかに弾力を感じたら出来上がり。オーブンを止め、余熱で10分おき、オーブンから取り出す。

**8** 型からはずし、皿に盛りつける。バナナと泡立てた生クリームを添える。

★保存の目安は冷蔵で3日。

2
ほうじ茶をこす

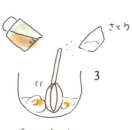
3
さとう
卵と混ぜる

4
茶がらはずしてから
再びこす

# ほうじ茶フィナンシェ

ほうじ茶の香ばしい香りと
焦がしバターの風味はよく合います。
茶葉を細かくすれば、
どんなほうじ茶でもおいしくできますが、
茎と葉がバランスよく入っているほうじ茶を使いました。
煎り白ごまのかわりに、くるみやアーモンドにしても香ばしい。
フィナンシェ型ではなく、プティフール型で小さく焼きました。

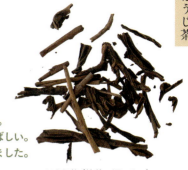

ほうじ茶（焙煎の深いもの）

**材料**（プティフール型10個分）
バター（食塩不使用）… 30g
卵白 … 40g（約1個分）
きび砂糖 … 30g
塩 … ひとつまみ
薄力粉 … 20g
ベーキングパウダー … 小さじ¼
アーモンドパウダー … 20g
ほうじ茶 … 2g
煎り白ごま … 大さじ1

**準備**
★ほうじ茶をすり鉢ですって細かくする。
★オーブンを180℃に予熱する。

**作り方**
1 小鍋にバターを入れ、弱火にかけながら小さな泡立て器で泡が白く細かくなってくるまで混ぜ、泡が少し黄色く色づいてきたら火からおろし、小さなボウルに入れる。
2 別のボウルに卵白、きび砂糖、塩を入れ、泡立て器で混ぜ、薄力粉、ベーキングパウダー、アーモンドパウダー、ほうじ茶をふるい入れ、なめらかになるまで混ぜる。
3 1のバターを加えて混ぜる。
4 型にバター（分量外）を塗り、生地を九分目まで入れ、表面に白ごまをふる。
5 180℃のオーブンで10分焼く。

★保存の目安は常温で3日。

1-1

小さな泡立て器で
混ぜながら弱火。

泡がふーわりたってきたら
火を止める

1-2

すぐに
別り容器に
移す方

# ほうじ茶ときなこのコロコロクッキー

ほうじ茶の苦みと香ばしさは、きなことよく合います。
しっかり焼いて、香りをたたせます。
ほうじ茶を加えた和三盆糖をまぶして風味をプラスします。
ホワイトチョコレートをはさむと、
チョコサンドクッキーにも簡単にアレンジできます。

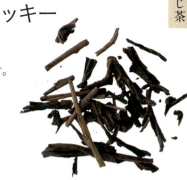

ほうじ茶（焙煎の深いもの）

**材料**（25粒分）
バター（食塩不使用）… 50g
和三盆糖（または粉糖）… 20g
塩 … ひとつまみ
きなこ … 10g
アーモンドパウダー … 40g
薄力粉 … 50g
ほうじ茶 … 3g
仕上げ用
　│和三盆糖 … 30g
　│ほうじ茶 … 6g
チョコサンドクッキーアレンジ用
　│ホワイトチョコレート … 30g

**準備**
★ほうじ茶の茶葉をすり鉢ですって粉状にする。
★バターを室温に戻す。
★天板にオーブンペーパーを敷く。
★オーブンを160℃に予熱する。

**作り方**
1 ボウルにバターを入れてゴムベラで練り、和三盆糖と塩を加えてさらに練る。きなこ、アーモンドパウダー、薄力粉、ほうじ茶をふるい入れ、ゴムベラで練り混ぜる。
2 打ち粉（分量外の強力粉）をした生地をラップではさみ、ラップの上からめん棒で4mm厚さにのばし、冷蔵庫で2時間以上休ませる。
3 25等分して丸め、バットに並べてラップをし、冷蔵庫で一晩（2時間以上）休ませる。
4 オーブンペーパーを敷いた天板に間をあけて並べ、160℃のオーブンで25分焼く。
5 ケーキクーラーにのせて冷ます。
6 仕上げ用の和三盆糖とほうじ茶を混ぜたものをたっぷりまぶす。

●チョコサンドクッキーにアレンジする場合
耐熱のボウルにホワイトチョコレートを入れてふんわりラップをし、300Wの電子レンジで2分30秒〜3分加熱して溶かす。
溶かしたホワイトチョコレートをよく混ぜ、2つのクッキーの間にはさむ。

★保存の目安は密閉容器に入れて常温で5日。

# ほうじ茶シュークリーム
作り方→P.48

# ほうじ茶シュークリーム

茶葉を細かくすれば、どんなほうじ茶でもよいのですが、
茎と葉がバランスよく入っているてん茶入りのほうじ茶を使いました。
シュー生地の中には、ラム酒の香りのカスタードクリームと、
ほうじ茶の苦みとコクを移した生クリームを詰めました。
シンプルだけどいろいろな味の重なりが楽しめます。

**材料**(16個分)
シュー生地
- 牛乳 … 50g
- 水 … 50g
- 砂糖 … 5g
- 塩 … ひとつまみ
- バター(食塩不使用) … 45g
- 薄力粉 … 60g
- 卵 … 2個(110g)
- アーモンドダイス … 20g
- ほうじ茶 … 5g(生地に3g、トッピングに2g)

カスタードクリーム
- 卵黄 … 2個分
- 砂糖 … 40g
- 薄力粉 … 14g
- 牛乳 … 200g
- バター(食塩不使用) … 10g
- ラム酒 … 小さじ1

ほうじ茶生クリーム
- ほうじ茶 … 7g(クリームに5g、トッピングに2g)
- 牛乳 … 30g
- 生クリーム … 200g
- 砂糖 … 5g

**準備**
★シュー生地用とほうじ茶生クリームのトッピング用のほうじ茶の茶葉をすり鉢ですって細かくする。
★シュー生地のバターは冷たいまま1cmの角切りにする。
★薄力粉をふるう。
★天板にオーブンペーパーを敷く。
★オーブンを200℃に予熱する。
★絞り袋に丸口金をつける。

ほうじ茶（てん茶入りのもの）

**作り方**

**1 シュー生地をつくる。**鍋に牛乳、水、砂糖、塩、バターを入れて火にかける。沸騰して泡がたくさん出はじめるまで待ち、火を止めて薄力粉を一度に全部入れる。

**2** ゴムベラでよく練り、ひとまとめにして大きめのボウルに移す。

**3** 卵を別容器に割り入れてほぐし、**2**のボウルに少しずつ加える。そのつど、切るようにして、溶きのばすように混ぜる。コシがなくならないように混ぜすぎに注意する。

**4** ほうじ茶3gを加えて混ぜる。

**5** 口金をつけた絞り袋に入れ、オーブンペーパーを敷いた天板に間をあけて、丸くこんもりと3cmほどの大きさに絞る。

**6** 表面に刷毛で水（分量外）をさっと塗る。（卵が残っていれば水で溶いて卵水を塗っても、または霧吹きで水を吹きつけてもよい。）ほうじ茶2g、アーモンドダイスを散らしてつける。

**7** 200℃のオーブンで20分、続けて180℃に下げて10分、さらに160℃で10分焼く。ケーキクーラーにのせて冷ます。

**8 カスタードクリームをつくる。**ボウルに卵黄と砂糖を入れ、泡立て器で空気を入れるように白っぽくなるまで混ぜる。薄力粉をふるい入れ、よく混ぜる。

**9** 鍋に牛乳を入れて火にかけ、湯気が立つくらいまで温まったら火を止め**8**のボウルに注ぎ、溶くように混ぜる。万能こし器でこしながら鍋に戻し、中火にかける。ヘラにかえ、だまにならないように混ぜ、固まりはじめたら泡立て器に戻して混ぜ、再びヘラにして焦げないように鍋底をこそぎながら混ぜ、沸騰してからさらにとろりとなるまで火にかけ続ける。

**10** 火を止め、バターとラム酒を加えて混ぜ、なじんだら別の容器（小さめのボウルやバット）に入れて表面が乾かないようにラップで覆い、氷水にあてるか冷蔵庫に入れて冷やす。冷えたらなめらかになるまで混ぜ戻し、あれば丸い口金のついた絞り袋に入れる。

**11 ほうじ茶生クリームをつくる。**鍋に、ほうじ茶、牛乳30g、生クリーム50gを入れ、火にかける。沸騰したら弱火にして2分煮る。

**12** ボウルに茶こしでこし入れ、冷たい生クリーム150gを加えて冷蔵庫で冷やす。

**13** 冷えたら砂糖小さじ1を加え、八分立てに泡立てる。あれば丸い口金のついた絞り袋に入れる。

**14 7**のシューが冷めたら横に切り分け、底の部分に**10**のカスタードクリームを入れ、その上に**13**のほうじ茶生クリームを絞って盛りつけ、ほうじ茶をトッピングする。切り取ったシューの上の部分をかぶせる。

＊保存の目安は冷蔵で2日。

白っぽく なるまで
（レモンイエロー）
すりまぜる

# ほうじ茶のスイートポテト
作り方→P.52

# ほうじ茶カステラ

作り方→P.53

# ほうじ茶のスイートポテト

ざくざくしたほうじ茶のビスケットと
なめらかなスイートポテトとの食感の違いが楽しめます。

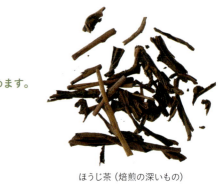

ほうじ茶（焙煎の深いもの）

**材料(8個分)**
ビスケット（直径5cmの丸型、飾り用は花型）
　薄力粉 … 100g
　ほうじ茶 … 2g
　黒糖（またはきび砂糖）… 30g
　塩 … ひとつまみ
　バター（食塩不使用）… 40g
　牛乳 … 30g
　ベーキングソーダ（重曹）… 0.5g
スイートポテト
　ほうじ茶 … 3g
　牛乳 … 15g
　生クリーム … 30g
　さつまいも … 中くらいを1本（加熱後正味180g）
　砂糖 … 40g
　卵黄 … 1個分
卵黄 … 1個分
水 … 小さじ½
表面用
　ほうじ茶 … 適宜

**準備**
★ 材料を室温に戻す。
★ ビスケット用のほうじ茶の茶葉をすり鉢ですって細かくする。
★ オーブンを指定の温度に予熱する。

穴はフォークであける

**作り方**
**1 ビスケットをつくる。** ボウルに薄力粉、ほうじ茶、黒糖、塩をふるい入れ、バターを加え、バターを指でつぶすようにしながら、さらさらになるまでなじませる。
**2** 牛乳にベーキングソーダを入れて混ぜ、1に加えてゴムベラで練り混ぜる。
**3** ボウルから出し、打ち粉（分量外の強力粉または薄力粉）をしたラップの上で、3mmにのばす。バットにのせてラップをかけ、約1時間冷蔵庫で冷やす。
**4** 型で抜き、オーブンペーパーを敷いた天板の上に並べる。
**5** フォークで穴を開け、160℃のオーブンで20分焼く。
**6 スイートポテトのフィリングをつくる。** 小鍋に、ほうじ茶、牛乳、生クリームを入れて中火にかけ、沸騰したら弱火にして2分間煮る。茶こしでこして30g量る。
**7** さつまいもを丸ごと柔らかくなるまで蒸し、皮をむき（または皮をむいて4等分に切ってゆでる）、ボウルに入れてフォークなどでつぶす。180g量る。砂糖、6のほうじ茶生クリーム、卵黄の順に加え、そのつどゴムベラでよく混ぜる。
**8** 8等分にし、オーブンペーパーを敷いた天板の上に 5 のビスケットにのせて形を整える。水で溶いた卵黄を刷毛で表面に塗り、ほうじ茶をぱらぱら散らす。
**9** 190℃に温めたオーブンで20分焼く。
**10** いただく時に飾り用ビスケットをのせるか、添える。

★ スイートポテトの保存の目安は密閉容器で冷蔵で3日。ビスケットは常温で5日。

# ほうじ茶カステラ

ほうじ茶の苦みや香ばしさは、
カステラの卵の風味とよく合います。
風味を強くするために、
しっかり煮だしたお茶と、細かくした茶葉を生地に入れました。
ざらめのかわりに茶葉を底に散らし、
カリカリとした食感もだしました。

ほうじ茶（焙煎の深いもの）

**材料**（15cm×15cmの正方形の型1台分）
ほうじ茶 … 10g
牛乳 … 70g
はちみつ … 30g
卵 … 2個
卵黄 … 1個分
砂糖 … 80g
│ 強力粉 … 80g
│ ほうじ茶 … 2g（細かくすりつぶす）
米油 … 20g
底用
│ ほうじ茶 … 大さじ1（大きめなら小さくすりつぶす）

**準備**
★新聞紙で型を作り（P.117参照 新聞紙の型は火のあたりがやわらかくふんわりしっとり焼き上がる）、内側にオーブンペーパーを敷き込む。底にほうじ茶大さじ1を広げる。
★強力粉にほうじ茶2gを小さくつぶしたもの（または粉の部分）を加える。
★湯をカップ1杯沸かす。（焼く時に使用）
★オーブンを170℃に予熱する。

**作り方**
1 小鍋に牛乳とほうじ茶10gを入れて中火にかけ、沸騰したら弱火にして2分煮る。茶こしでこして40g量り、はちみつを加えて混ぜる。
2 ボウルに卵と卵黄を入れて泡立て器でほぐし、砂糖を加えてボウルの底を湯煎にあて、泡立て器で混ぜながら卵を温める。
3 ほんのり温かくなったら湯煎からはずし、ハンドミキサーでしっかり泡立てる。
4 1のほうじ茶風味の牛乳を温かい状態で加えて混ぜる。
5 ほうじ茶を加えた強力粉をふるい入れ、泡立て器ですくいあげるように、ゆっくり混ぜる。
6 米油を加え、ゴムベラにかえて混ぜる。
7 天板に準備した型を置いて生地を流し、表面を平らにする。型の脇に湯を入れたカップを置く。
8 170℃のオーブンで40分焼く。
9 焼き上がったら表面にオーブンペーパーをあてて逆さまにし、ケーキクーラーにのせてそのまま冷ます。冷めてからオーブンペーパーをはがし、元の向きに戻す。

★保存の目安は冷蔵で5日。

カステラの底側

# ほうじ茶のバターどら焼き

香ばしいほうじ茶の風味と
ミルキーなバターを加えたどら焼きです。
お茶菓子にも手土産にも喜ばれます。
てん茶入りのほうじ茶を使いました。

ほうじ茶（てん茶入りのもの）

### 材料（直径約7cm5個分）
どら焼き生地
　ほうじ茶 … 5g
　熱湯 … 50g
　卵 … 1個
　砂糖 … 40g
　はちみつ … 10g
　ベーキングソーダ（重曹） … 小さじ1/6
　薄力粉 … 70g
　ほうじ茶 … 3g
白あん（市販品） … 200g（こしあん、粒あんでもよい。）
ほうじ茶 … 2g
くるみ … 適量
バター … 40g（好みで有塩、無塩を選ぶ。私は無塩が好きです。）

### 準備
★ほうじ茶3gと2gをすり鉢ですりつぶして粉状にする。
★くるみを170℃のオーブンで8分、空焼きする。

### 作り方
**1 どら焼き生地をつくる。** ほうじ茶5gに熱湯50gを注ぎ3分おく。茶こしでこして、茶葉をぎゅっと絞って40g量り、冷ます。（足りなければお湯を加える。）
**2** ボウルに卵、砂糖、はちみつを入れ、泡立てる。リボン状に落ちるくらいになったら、1にベーキングソーダを合わせたほうじ茶液を加えて混ぜる。
**3** 薄力粉と粉状にしたほうじ茶3gをふるい入れ、混ぜる。ラップをして30分おく。
**4** 樹脂加工の直径26cmのフライパンを中弱火で温め、ペーパーで（拭き取るような感じで）薄くサラダ油（分量外）を塗り、生地をカレースプーン2杯分落としてスプーンの背で直径6cmぐらいに丸く広げる。3〜4枚を広げたら蓋をして火を弱め、表面が少し乾いたように見えるまで焼いて裏返し、少し焼いたら取り出す。同様にして10枚焼く。
**5** 白あんに粉状にしたほうじ茶2gを加えて混ぜ、ほうじ茶あんを作る。
**6** 4の生地の内側に5のほうじ茶あん（1個につき40g）をのせ、くるみ、薄く切ったバター8gをのせ、もう1枚の生地をかぶせる。

★保存の目安は冷蔵で2日。

ベーキングソーダを
ほうじ茶で溶く

デジタルばかりがあると、白あんに
加えるお茶2gも一度に量れます。

# ほうじ茶水ようかん
作り方→P.60

ほうじ茶の琥珀糖
作り方→P.60

# ほうじ茶の寒天＆ほうじ茶ジンジャーシロップ
作り方→P.61

# ほうじ茶とディルの絞り出しクッキー
作り方→P.61

# ほうじ茶水ようかん

やさしい風味の「茎ほうじ茶」を使ったので、
食べた時はあまりほうじ茶が感じられませんが、
後で風味が口に広がります。
さっぱりした食後のデザートに。

お気に入りの
缶入りこしあん

茎ほうじ茶

### 材料（約8人分）

粉寒天 … 2g
水 … 300g
ほうじ茶 … 6g
きび砂糖 … 20g
こしあん（または粒あん：市販品）… 250g
季節の果物 … 適量
（写真はさくらんぼとびわ）

### 作り方

1 鍋に粉寒天、水、ほうじ茶を入れて火にかけ、沸騰したら弱火にして混ぜながら2分煮る。きび砂糖を加えて溶かす。
2 ボウルにあんを入れ、1の半量を万能こし器でこしながら入れる。あんをよく溶き、固まりがなくなったら残りの半量もこし入れて混ぜる。
3 ボウルの底を冷水にあてて粗熱を取り、グラスに均等に注ぎ分ける。
4 冷蔵庫で1時間冷やす。食べる直前に季節の果物を添える。

＊保存の目安は冷蔵で2日。

いちご

いちじく

ぶどう
ピオーネなど

# ほうじ茶の琥珀糖

ほうじ茶（てん茶入り）

琥珀色のほうじ茶でつくります。
ほろ苦くて甘い、さくっとして口溶けのよいお菓子。
いろいろな形にできるのも楽しいです。

2
量りの上に
フキンを置き
「0」に
鍋の重さを
油性マジックで書くと便利
熱いままの鍋ごとのせて
中身を量る

### 材料

ほうじ茶 … 7g
熱湯 … 120g
粉寒天 … 4g
水 … 100g
砂糖 … 250g

### 準備

★ 型にオーブンペーパーを敷き込む。

### 作り方

1 ほうじ茶7gに熱湯120gを注ぎ、3分おいて茶こしでこし、90g量る。
2 小鍋に水100gと粉寒天を入れて火にかけ、時々混ぜながら煮る。泡が立ちはじめて1分ほどしたら1のほうじ茶90gを加えてひと混ぜし、砂糖を加える。弱火にし、混ぜながら340gまで煮詰める。（鍋の重さを量っておき、鍋ごと量るのが便利。）
3 準備した型に流して一晩おく。
4 指でつまみやすい好みの形に切り、オーブンペーパーの上でさらに2日ほど乾かす。

＊保存の目安は常温で1週間。

半発酵ほうじ茶

ほうじ茶

## ほうじ茶の寒天＆ほうじ茶ジンジャーシロップ

フルーティーな半発酵のほうじ茶を使って、ひと味違った寒天にしました。
きりっと冷やしますが、シロップにしょうがが入っているので体を冷やしません。
「丸高農園の半発酵ほうじ茶」は、大好きなお茶です。

**材料**(5人分)
ほうじ茶寒天
| ほうじ茶 … 10g
| 熱湯 … 450g
| 粉寒天 … 2g
| 水 … 100g
ほうじ茶ジンジャーシロップ
| 熱湯 … 250g
| ほうじ茶 … 10g
| 砂糖 … 100g
| しょうが … 10g

**作り方**
1 **ほうじ茶寒天をつくる。**ボウルにほうじ茶10gを入れ、熱湯を450g注いで3分ぐらいおき、万能こし器でこす。
2 鍋に水を入れて粉寒天をふり入れ、混ぜながら火にかける。沸騰したら弱火にして1分間煮て、1を加えてさらに2分間煮る。
3 バットに流し、粗熱を取ってから、冷蔵庫で2時間冷やして固める。
4 **ほうじ茶ジンジャーシロップをつくる。**鍋に熱湯を250g入れ、ほうじ茶10gを入れ、3分間煮たてる。砂糖とすりおろしたしょうがを加えて混ぜ、砂糖を溶かす。万能こし器でこして、冷やす。
5 3の寒天を一口大に切って器に入れ、4のシロップをかける。

★保存の目安は冷蔵で2日。シロップは冷蔵で3日。

## ほうじ茶とディルの絞り出しクッキー

お茶屋さんの友人から教わった、ほうじ茶とディルの組み合わせ。
試してみると意外によく合い、お菓子に取り入れてみました。
ほんのりディルが香り、ついつい手をのばしたくなる優しい味わいです。

ほうじ茶（てん茶入りのもの）

**材料**(約24個分)
バター（食塩不使用）… 60g
和三盆糖（粉糖）… 20g
塩 … 少々
ほうじ茶 … 2g
ディル（生）… 1本分（約2g）
卵白 … 15g
薄力粉 … 70g
飾り用
| ディルの葉 … 少々

**準備**
★ 材料を室温に戻す。
★ ほうじ茶の茶葉をすり鉢で細かくすりつぶす。
★ 絞り袋に星形の口金をつける。
★ 天板にオーブンペーパーを敷く。
★ オーブンを150℃に予熱する。

**作り方**
1 ボウルにバターを入れてゴムベラで練る。和三盆糖、塩を加えて泡立て器で混ぜる。
2 細かくすりつぶしたほうじ茶、ディルのみじん切りを加えて混ぜる。
3 卵白を3回に分けて加え、混ぜる。
4 薄力粉をふるい入れ、ゴムベラにかえて練り混ぜる。
5 星形の口金をつけた絞り袋に入れ、オーブンペーパーを敷いた天板に絞り出す。ディルの葉を上にのせる。
6 150℃のオーブンで15分焼く。ケーキクーラーにのせて冷ます。

★保存の目安は密閉容器に入れて常温で5日。

# 抹茶

収穫前に茶樹に覆いをかけて陽の光を遮ることで、やわらかく薄い葉になり、旨味成分の多い、抹茶に適した茶葉になります。おいしい部分を摘み取り、蒸してから乾燥させた葉の部分を「てん茶」、それを石臼で粉に挽いたものを「抹茶」と呼びます。お湯で溶かして丸ごと飲むのでお茶の葉の栄養が100％摂れます。空気にふれたり、温度が上がると色や風味が変りやすいので、なるべく早く飲み切りましょう。

私は抹茶をお茶としてもおいしくいただきたいので、
飲んでおいしい、薄茶用の抹茶をお菓子に使います。
上質な抹茶を使うとより甘みのある上質なお菓子になりますが、
それほど高価なものでなくてもおいしくつくれます。
クリームに抹茶を加え加熱しない場合は、ぱっと鮮やかな緑色になり、
目にもワクワクするので、ちょっといい抹茶でつくってみてください。
ガトーショコラ、ロールケーキなどの焼き菓子では抹茶の色は少しあせますが、
上質なものほど香りと甘みが引き立ちます。
抹茶をこしてダマにならないようにし、
しっかり混ぜて溶かすのがコツです。

とびきり良いお抹茶を手に入れたら、
やっぱり作りたいのはメレンゲロールケーキです。
飲んだら一瞬でなくなりますが、ケーキは数回に分けて食べられます。
抹茶の旨味が、サクッとしたメレンゲと口の中で混ざり、本当においしいです。
実は試作時にとんでもない上質な抹茶でつくったら、
びっくりするほど美しくてまろやかでおいしくできました。

**和光／京都・丸久小山園、
松平直政公御名　葵印　一の白／中村茶舗、抹茶No.100／茶の葉**などを私は使っています。
抹茶の値段の幅はいろいろですが、
20gで1000円ぐらいのものを試してはいかがでしょう。

## 抹茶クリームのメレンゲロール

サクサクと軽くて甘い、真っ白な焼きメレンゲで
柚子のコンフィを入れた、贅沢な抹茶クリームを巻きました。
鮮やかな緑色のほろ苦い抹茶クリームだけでも十分においしいです。
巻く時、メレンゲがバリバリと割れますが、
気にせず巻いてください。

### 材料

メレンゲ生地（25cm×29cmの天板1枚分）
　卵白…120g（約3個分）
　砂糖…160g
抹茶クリーム
　抹茶…10g
　生クリーム…200g
柚子のコンフィ…大さじ1（汁気をきって／作り方下記参照）

### 準備
★オーブンを110℃に予熱する。

### 作り方
**1 メレンゲ生地をつくる。**ボウルに卵白を入れ、砂糖大さじ1を加えてハンドミキサーで泡立てる。泡が白くふんわりしてきたら残りの砂糖を5回に分けて加えながら、艶のあるのびやかな状態のメレンゲになるまで泡立てる。最後の砂糖を入れたら、ハンドミキサーを低速にして、5分ほど混ぜ続け、しっかりと砂糖を溶かす。
**2** メレンゲ生地をのせる時にオーブンペーパーがずれないように、天板にメレンゲ生地を少しつけてからオーブンペーパーを敷く。オーブンペーパーを敷いた天板に、1のメレンゲ生地を広げ、カードなどで厚みを均等にし、110℃のオーブンで1時間30分焼く。
**3** 天板からオーブンペーパーごと取り出し、ケーキクーラーにのせて冷ます。
**4 抹茶クリームをつくる。**ボウルに抹茶を茶こしでこし入れ、抹茶がダマにならないように生クリームを少しずつ加え、茶せん（または泡立て器）で練るように溶き混ぜる。きれいに混ざったら、ハンドミキサーで八分立てに泡立てる。
**5** 3のメレンゲ生地をラップの上に裏返して置き、オーブンペーパーをはがす。4の抹茶クリームを均等に広げ、柚子のコンフィを全体に散らす。
**6** 29cmの辺が手前になるようにし、端から巻き込む。
メレンゲが割れるが気にせず巻き込み、ラップで包んでとじ目を下にして冷蔵庫で1時間冷やす。

★保存の目安は冷蔵で2日。

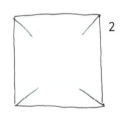

## 柚子のコンフィ

### 材料（作りやすい分量）
柚子の皮 … 1個分　砂糖 … 30g　水…100g　柚子の果汁 … 小さじ1

### 作り方
**1** 柚子の皮をピーラーでそぎ、細い千切りにする。
**2** 小鍋に水、砂糖、1を入れ、弱火にかけ、柚子の皮に透明感がでて、シロップがひたひたより少なくなったら、果汁を加え、加えた果汁分を煮詰める。

# 抹茶と豆乳のババロア

牛乳のかわりに豆乳を使った抹茶ババロア。
豆乳の豆の風味が抹茶とよく合います。
ゆで小豆とホイップした生クリームの組み合わせは
抹茶の風味を引き立てます。

**材料**（100mlの容器6個分）
抹茶 … 10g
熱湯 … 50g
 粉ゼラチン … 5g
 水 … 15g
砂糖 … 70g
豆乳 … 200g
生クリーム … 100g
仕上げ用
 生クリーム … 60g
 砂糖 … 小さじ1
 ゆで小豆（市販品）… 適量

**準備**
★粉ゼラチンを水15gにふり入れてふやかす。
★熱湯を80℃に冷ます。

**作り方**
1 ボウルに抹茶を茶こしでこし入れ、湯を注ぎ、茶せん（または泡立て器）でよく混ぜる。
2 ふやかしておいたゼラチン、砂糖を加えて混ぜて溶かす。溶けたら豆乳を加える。
3 ボウルの底を氷水にあてて冷やす。
4 別のボウルで生クリーム100gをハンドミキサーで六分立てに泡立て、3に加え、混ぜる。
5 容器に流し入れ、冷蔵庫で1時間以上冷やして固める。
6 食べる直前に、ゆで小豆をのせ、砂糖を加えて七分立てに泡立てた生クリームを盛りつける。

★保存の目安は冷蔵で2日。

1
スプーンの背を
あてて こす

# 抹茶とフロマージュブランのチーズタルト

作り方→P.70

# 抹茶のメレンゲ
作り方→P.71

# 抹茶とフロマージュブランのチーズタルト

抹茶のガナッシュをやわらかめにつくり、
サクッとしたタルトと一緒にいただきます。
フロマージュブランを使うと、軽くて酸味がきいて、さわやかです。
もうひと手間かけて、抹茶のアーモンド生地を焼きました。
4層で見ためも美しく、是非、特別な日につくっていただきたいお菓子です。

**材料**（直径18cmのタルトリング1台分）

タルト生地
- バター（食塩不使用）… 60g
- 和三盆糖 … 20g
- 塩 … ひとつまみ
- 卵黄 … 1個分
- 薄力粉 … 100g

アーモンド生地
- 卵白 … 40g（約1個分）
- 砂糖 … 40g
- アーモンドパウダー … 15g
- 薄力粉 … 15g
- 抹茶 … 4g
- バター（食塩不使用）… 30g

抹茶のガナッシュ
- ホワイトチョコレート … 40g
- 抹茶 … 3g
- フロマージュブラン … 60g

仕上げ用
- 生クリーム … 100g
- 抹茶 … 少々

飾り用
- ホワイトチョコレート … 20g
- 抹茶 … 少々

**準備**

★ タルト生地用のバターを室温に戻す。
★ アーモンド生地用のバターは湯煎にかけて溶かし、冷めないように温めておく。
★ オーブンを160℃に予熱する。
★ 絞り袋にサントノーレ型の口金をつける。

**作り方**

1 **タルト生地をつくる。** ボウルにバターを入れ、クリーム状になるまでゴムベラで練る。和三盆糖、塩、卵黄の順に加え、そのつど混ぜる。

2 薄力粉をふるい入れ、ゴムベラで練り混ぜる。ひとまとめにしてラップで包み、冷蔵庫で30分休ませる。

3 打ち粉（分量外の強力粉）をして台にのせ、めん棒で3mmの厚さにのばす。オーブンペーパー（またはオーブンシート）の上にタルトリングをのせ、型にそわせながら生地を敷き込む。余分な生地を包丁で切る。
余分の生地を好みの型で抜いて、飾り用クッキーも一緒につくる。

4 バットにのせてラップをし、冷蔵庫で1時間以上休ませる。

5 オーブンペーパーごと天板にのせ、生地の上にオーブンペーパーと重しをのせ、160℃のオーブンで15分焼く。重しとオーブンペーパーをはずし、さらに10分焼く。

6 **アーモンド生地をつくる。** ボウルに卵白と砂糖を入れて混ぜ、アーモンドパウダー、薄力粉、抹茶をふるい入れ、泡立て器で混ぜる。温かい溶かしバターを加えて混ぜ、5に流し入れ、160℃のオーブンで20分焼く。型、底のオーブンペーパーを取り、ケーキクーラーの上で冷ます。

7 **抹茶のガナッシュをつくる。** 耐熱ボウルにホワイトチョコレートを入れてラップをし、300Wの電子レンジで3分加熱し、混ぜてよく溶かし、抹茶をふるい入れて練り混ぜる。フロマージュブランを3回に分けて加え、そのつど混ぜる。

3

タルトリングは
シルパットの上にのせる。
（オーブンペーパー）

8 6に7のガナッシュを流し入れ、表面を平らにして冷蔵庫で冷やす。
9 仕上げ用生クリームをボウルに入れて八分立てに泡立て、口金をつけた絞り袋に入れ、タルトの表面に絞る。抹茶を茶こしでふりかける。
10 飾り用クッキーに溶かしたホワイトチョコを塗り、固まってから、抹茶を少量加えたホワイトチョコレートを入れたコルネで模様をつけ、タルトに飾る。

★保存の目安は冷蔵で3日。
★型はタルト菊型でもよい。

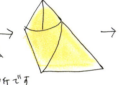
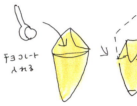
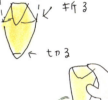
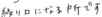

## 抹茶のメレンゲ

サクサクしゅわっと口の中で溶けるメレンゲを萌葱色に焼き上げます。
コーヒーにも、もちろん抹茶にも合います。
アイスクリームに添えたり、ホットミルクに浮かべたりして楽しんでください。

### 材料
卵白 … 40g（約1個分）
砂糖 … 50g
抹茶 … 4g

### 準備
★絞り袋に丸形か星形の口金つける。
★天板にオーブンペーパーを敷く。
★オーブンを100℃に予熱する。

### 作り方
1 ボウルに卵白を入れ、砂糖の1/4を加えてハンドミキサーで泡立てる。
2 白っぽくなってふんわりと泡が立ってきたら、残りの砂糖から1/3を加え、さらに泡立てる。
3 残りの砂糖をさらに2回に分けて加え、そのつど泡立てる。
最後に低速にして砂糖が溶けきるまで3分以上泡立て続け、艶のあるメレンゲを作る。
4 抹茶を茶こしでこしながら加え、ゴムベラで混ぜる。
5 口金をつけた絞り袋に入れ、オーブンペーパーを敷いた天板に、棒状や星形に絞る。
6 100℃のオーブンで1時間焼く。ケーキクーラーにのせて冷ます。

★保存の目安は密閉容器に乾燥剤を入れて常温で1週間。

抹茶

## 抹茶のティラミス

マスカルポーネチーズを使った、とろりとしたクリームと
抹茶シロップをたっぷり含ませたビスキュイ生地。
水切りヨーグルトを使ってもローカロリーでおいしいです。

**材料**

ビスキュイ生地
| 卵黄 … 2個分
| 砂糖 … 25g
| 卵白 … 2個分
| 砂糖 … 40g
| 薄力粉 … 55g
| 抹茶 … 4g
| 粉糖 … 適量

抹茶シロップ
| 抹茶 … 4g
| 砂糖 … 40g
| 熱湯 … 100g

クリーム
| 板ゼラチン … 2g
| 冷水 … 適量
| 卵黄 … 2個分
| 砂糖 … 40g
| 白ワイン … 30g（または白ぶどうジュース）
| マスカルポーネチーズ … 150g
|   （または水切りヨーグルト）
| 生クリーム … 100g

仕上げ用
| 抹茶 … 適量

**準備**

★ 絞り袋に丸口金 #10 をつける。
★ 天板にオーブンペーパーを敷く。
★ オーブンを 180℃に予熱する。
★ 水切りヨーグルトを使う場合は、コーヒードリッパーにフィルターを敷き、300gのヨーグルトを入れて水切りして150gにする。

**作り方**

1 **ビスキュイ生地を焼く。**ボウルに卵黄を入れて泡立て器でほぐし、砂糖25gを加えて泡立てる。
2 別のボウルに卵白を入れ、砂糖40gを加えて泡立てる。
3 1に2を加えて混ぜ、混ざりきる前に、薄力粉と抹茶をふるい入れ、さらに混ぜる。
4 口金をつけた絞り袋に入れ、オーブンペーパーを敷いた天板に、同じ大きさの長方形のシートが2枚できるように絞る。粉糖を茶こしでこしながら、2回ふりかける。
5 180℃のオーブンで12分焼く。ケーキクーラーにオーブンペーパーをつけたままのせて冷ます。
6 **抹茶シロップをつくる。**ボウルに抹茶と砂糖をふるい入れ、熱湯を注いで混ぜ、冷ます。
7 **クリームをつくる。**板ゼラチンを冷水に入れて5分おいてふやかす。
8 ボウルに卵黄、砂糖、白ワインを入れて泡立て器で混ぜる。ボウルを湯煎にかけ、温めながら泡立てる。
9 卵が泡立ち温かくなったら、ふやかしておいた板ゼラチンを加えて溶かす。
10 湯煎からはずし、マスカルポーネチーズを3回に分けて加え、そのつど混ぜる。
11 10に、別のボウルで六分立てにした生クリームを加えて混ぜる。
12 5の生地の1枚の片面に6のシロップを塗り、塗った面を下にして器にのせ、もう片面にもシロップを塗り、11のクリームの半量を盛りつける。もう1枚の生地の片面にもシロップを塗って上にのせ、残りのシロップをもう片面に塗り、残りのクリームを盛りつける。
13 冷蔵庫で1時間冷やす。食べる直前に抹茶を茶こしでこしながらふりかける。

★保存の目安は冷蔵で3日。

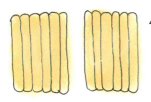

ビスキュイ 2枚

# 抹茶のロールケーキ

抹茶色のロール生地に、ゆで小豆と
ホワイトチョコレート風味の真っ白いクリームを巻き込みます。
私は最近、お正月のおもてなしに焼いています。

### 材料
生地（25cm×29cmの天板1枚分）
- 卵黄 … 3個分
- 砂糖 … 30g
- 卵白 … 3個分
- 砂糖 … 40g
- 薄力粉 … 30g
- 抹茶 … 8g
- 米油 … 15g（またはサラダ油、香りのソフトな菜種油など）

ホワイトチョコレートクリーム
- ホワイトチョコレート … 40g
- 生クリーム … 200g

ゆで小豆（市販品）… 50g

### 準備
★薄力粉と抹茶を合わせてふるう。
★天板にオーブンペーパーを敷く。
★オーブンを180℃に予熱する。

### 作り方
**1 生地をつくる。** ボウルに卵黄を入れて泡立て器で混ぜ、砂糖30gを加えてよく混ぜる。
**2** 別のボウルに卵白と砂糖40gを入れ、角が立ってしなるぐらいまで泡立てる。
**3** 1に2を加えて混ぜる。
**4** 混ざりきらないうちに、薄力粉と抹茶をふるい入れ、粉類が見えなくなるまで混ぜる。
**5** 米油を加えてゴムベラで混ぜる。
**6** オーブンペーパーを敷いた天板に生地を均等に流し、カードで表面を平らに整える。
**7** 180℃のオーブンで12分焼く。
**8** 焼き上がりを台の上に置き、表面が乾かないようにアルミホイルで被い、オーブンペーパーをつけたまま冷ます。（オーブンペーパーは、クリームを巻く直前にはがす。）
**9 ホワイトチョコレートクリームをつくる。**
ボウルにホワイトチョコレートを入れ、湯煎にあてて、なめらかに溶かす。
**10** 生クリームを少しずつ加えて溶きのばす。混ざったら一度よく冷やす。
充分に冷えたら九分立てに泡立てる。
**11** 8の生地の焼き色のついた面を下にし、片側を斜めに切り落とす。こちら側を巻き終わりにする。
表面に10のホワイトチョコレートクリームを均等に塗り、ゆで小豆を巻き始めの部分に一列にのせ、巻き込むようにして巻く。
**12** ラップに包んで冷蔵庫で冷やす。

★保存の目安は冷蔵で2日。

ケーキの切り口を
きれいにするコツ

湯で
刃先を温めて

フキンで
ふく

# 抹茶のパウンドケーキ

どっしりとしてきめ細かく、
食べると軽やかで抹茶の味がしっかりする。
そんなパウンドケーキをつくりたくて考えました。
アイシングは抹茶の色と風味を引き立てるいちごを使います。
「あまおう」を使うと色が鮮やかになります。

**材料**（18cm×8cm×6cmのパウンド型1台分）
卵 … 2個
砂糖 … 90g
豆乳 … 20g
強力粉 … 120g
抹茶 … 8g
バター（食塩不使用）… 110g
アイシング
　いちごのすりおろし … 10g
　粉糖 … 40g

**準備**
★強力粉と抹茶を合わせてふるう。
★ボウルにバターを入れて湯煎で溶かし、冷めないように温かい状態にしておく。
★型にオーブンペーパーを敷き込む。
★オーブンを160℃に予熱する。

**作り方**
1 ボウルに卵と砂糖を入れ、ハンドミキサーでしっかり泡立てる。
2 ハンドミキサーを低速にしてキメを整える。
3 豆乳を加えて泡立て器でさっと混ぜる。
4 強力粉と抹茶をふるい入れ、泡立て器ですくいあげるように、大きな動きでゆっくり混ぜる。
5 溶かしたバターを加えてゴムベラで混ぜる。
6 型に生地を流し入れて表面を平らにし、天板にのせる。160℃のオーブンで40分焼く。型からはずし、オーブンペーパーをつけたままケーキクーラーにのせて冷ます。
7 いちごのすりおろしと粉糖を混ぜ、アイシングをつくり、オーブンペーパーをはがしたケーキにスプーンでかける。

★保存の目安は常温で3日、冷蔵で5日。

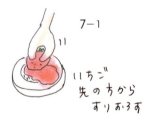

7-1 いちご 先のちからすりおろす

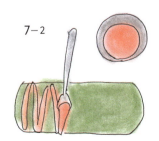

7-2

# 抹茶の渦巻きクッキー

渦巻きがきれいにできると楽しいので、
丁寧に丁寧につくります。
このクッキーはシンプルな生地で食べ飽きません。

**材料**
バター（食塩不使用）… 60g
粉糖 … 30g
塩 … ひとつまみ
薄力粉 … 100g
牛乳 … 小さじ1
　抹茶 … 3g
　牛乳 … 小さじ1

**準備**
★材料を室温に戻す。
★ボウルに抹茶を茶こしでこし入れ、牛乳小さじ1を加えて練り溶かす。
★天板にオーブンシート（またはオーブンペーパー）を敷く。
★オーブンを150℃に予熱する。

**作り方**
**1** ボウルにバターを入れ、ゴムベラで練り混ぜる。
**2** なめらかになったら粉糖、塩を加えて混ぜる。
**3** 薄力粉をふるい入れ、切るようにして混ぜる。
全体がぽろぽろとしてなじんできたら、牛乳小さじ1を加えてしっかり練り混ぜる。
**4** 半分に分け、一方を長方形(17cm×15cm)にのばし、プレーン生地をつくる。
（ラップで四角く包みながらのばすと形が整う。）
**5** 残りの生地に牛乳で練り溶かした抹茶を加え、なめらかに練り混ぜる。
4と同様にして、長方形(17cm×16cm)にのばして抹茶生地をつくる。
**6** 抹茶生地の上にプレーン生地をのせ、端から空気が入らないように丁寧に巻く。
ラップに包んで冷蔵庫で2時間以上休ませる。
**7** 幅7mmにカットし、オーブンシートを敷いた天板にならべ、150℃のオーブンで20分焼く。ケーキクーラーにのせて冷ます。

★保存は密閉容器に入れて常温で5日。
★6の状態で冷凍保存できる。

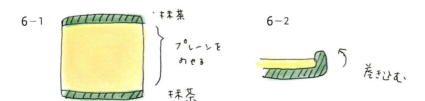

# 抹茶ジェラート

抹茶の量を変えた、3つの濃度のジェラートを盛り合わせました。
少しずつ食べ進むのが楽しくなります。
好みの濃さを見つけてください。
私は真ん中の「基本」が、病みつきになるほどおいしいと思います。
1種類だけつくるなら1.5倍の量にするとつくりやすくなります。
生クリームが少なめなので、
冷凍庫に長時間入れたままにすると固くなります。
食べる15分前に冷蔵庫に移し、
スプーンで練ると柔らかくなり、すくいやすくなります。

**材料**

|  | 薄め | 基本 | 濃いめ |
|---|---|---|---|
| 抹茶 | 2 g | 8 g | 14 g |
| 熱湯 | 10 g | 20 g | 40 g |
| 砂糖 | 50 g | 50 g | 50 g |
| 牛乳 | 200 g | 200 g | 200 g |
| 生クリーム | 70 g | 70 g | 70 g |

**準備**

★熱湯を80℃に冷ます。

**作り方**

1 ボウルに、抹茶を茶こしでこし入れる。
2 湯を加え、茶せん(または泡立て器)で抹茶のダマが無くなるまでよく混ぜる。
3 砂糖を加えて混ぜる。
4 牛乳を加えて混ぜる。
5 生クリームを加えて混ぜる。
6 ボウルのまま、またはバットなどに移して冷凍庫に入れる。半分以上固まったらボウルの場合は泡立て器、バットの場合はフォークで混ぜて、冷凍庫に入れる。(アイスクリーマーがあればアイスクリーマーで固める。)
7 半分以上固まったら、もう一度混ぜ、再度、冷凍庫に入れる。
8 9割くらい固まったらスプーンで練り、なめらかにする。

★保存の目安は密閉容器に入れて冷凍で2週間。

機械で作るとてもなめらかです

# 抹茶のシフォンケーキ

しっとりとした食感とコクをだすために白あんを生地に混ぜました。
抹茶と白あんを組み合わせた、
ちょっとどっしりして、食べごたえのあるシフォンケーキです。
ホイップした生クリームと桜の花の塩漬けを添えて、
春のおもてなしに。

**材料**（直径17cmのシフォン型1台分）
抹茶 … 10g
砂糖 … 30g
豆乳 … 70g
卵黄 … 3個分
白あん（市販品）… 40g
米油（サラダ油か香りのソフトな菜種油）… 40g
強力粉 … 70g
卵白 … 130g（約3.5個分）
砂糖 … 60g

**準備**
★オーブンを160℃に予熱する。

**作り方**
1 ボウルにふるった抹茶、砂糖30gを入れて泡立て器ですり混ぜる。豆乳を加えて混ぜる。
2 卵黄を加えてさらによく混ぜる。
3 電子レンジで温めて柔らかくした白あんを加えて混ぜる。
4 米油を加えてよく混ぜる。全体が乳化するようにしっかりと混ぜる。
5 強力粉をふるい入れ、泡立て器のままぐるぐるとしっかり混ぜる。
6 別のボウルに卵白と砂糖を入れて泡立て、艶のあるしっかりしたメレンゲをつくる。
7 6のメレンゲを5に2回に分けて加え、その都度泡がつぶれないように泡立て器をゆっくりとすくいあげるようにして混ぜ、最後はゴムベラで混ぜる。
8 型に流し入れ、表面を平らにして、160℃のオーブンで40分焼く。
9 逆さまにしてケーキクーラーの上で冷ます。しっかり冷やしてから型からはずす（P.117参照）。

★保存の目安は冷蔵で5日。

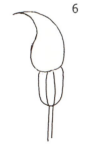

角が立ち
しなだれる位

# 抹茶クリームのミルフィーユ
作り方→P.86

# 抹茶ゼリー
作り方→P.87

# 抹茶クリームのミルフィーユ

抹茶風味のカスタードクリームとサクサクのパイを重ねたミルフィーユ。
抹茶カスタードクリームはシューに入れたり、パンにはさんだり、
いろいろな食べ方ができます。

### 材料

パイ生地
- 薄力粉 … 60g
- 強力粉 … 60g
- 塩 … 2g
- バター（食塩不使用）… 75g
- 水 … 45g

抹茶カスタードクリーム
- 抹茶 … 4g
- 水 … 20g
- 卵黄 … 2個分
- 砂糖 … 40g
- 薄力粉 … 14g
- 牛乳 … 200g
- バター（食塩不使用）… 10g

抹茶アイシング
- 抹茶 … 1g
- 熱湯 … 小さじ1
- 粉糖 … 30g

飾り用
- 粉糖 … 適量

### 準備
★天板にオーブンペーパーを敷く。
★オーブンを200℃に予熱する。
★絞り袋に丸口金＃8をつける。

### 作り方

**1 パイ生地をつくる。** ボウルに薄力粉、強力粉をふるい入れ、塩とバターを加えてカードでバターの粒が残る程度に切り込む。

**2** 水を加えてまとめる。（フードプロセッサーでつくる場合は粉類と塩、バターを攪拌後水を加えてまとめる。）

**3** 打ち粉（分量外の強力粉）をして台に出し、めん棒で長方形にのばして3つに折る。

**4** 角度を90度かえ、もう一度のばして3つに折る。形を整えてラップに包み、冷蔵庫で1時間休ませる。

**5** 打ち粉をしながら、幅20cm、厚さ2mmの長方形にめん棒でのばす。

**6** オーブンペーパーを敷いた天板に生地をのせ、フォークを刺してまんべんなく穴を開けて、200℃のオーブンで10分焼く。焼き色がつく前に取り出し、網をのせてぎゅっと押して膨らみを押さえる。さらに10分焼き、180℃に下げて10分焼く。ケーキクーラーの上で冷ます。

**7 抹茶カスタードクリームをつくる。** ボウルに抹茶を茶こしでふるい入れ、水を加えて茶せんか泡立て器でダマがなくなるまで混ぜる。

**8** 別のボウルに卵黄を入れて混ぜ、砂糖を加えて混ぜる。白っぽくなったら薄力粉をふるい入れて混ぜる。

**9** 鍋に牛乳を入れて火にかける。湯気がたってきたら火を止め、8のボウルに注ぎ入れる。よく混ぜ、万能こし器を通して鍋に戻す。中火にかけ、ゴムベラで混ぜながら沸騰させる。

6
軍手をして網で押す
（平らになる）

**10** 7の抹茶液を加えてもう一煮立ちさせ、泡がふつふつ出てきてから1分程混ぜながら煮て、クリームにこしがなくなったら火を止め、バターを加えて溶けるまで混ぜる。

**11** きれいなバットかボウルに移して、すぐに冷やす。（底を氷水にあてると早く冷める。）クリームをゴムベラでほぐし、口金をつけた絞り袋に入れる。

**12** 6のパイ生地を長方形に3等分に切り、1枚を皿にのせ、11の抹茶カスタードクリームを半分絞る。パイ生地を1枚のせて軽く押さえ、残りの抹茶カスタードクリームを絞り、残りのパイ生地をのせて軽く押さえる。冷蔵庫で冷やす。

**13 抹茶アイシングをつくる。** ボウルに抹茶、粉糖をふるい入れ、熱湯を加えて練り混ぜる。絞り袋に入れる。（細い線状の模様をつけたいので、口金は使わず、先を切るタイプの使い捨ての絞り袋を使用。またはスプーンで垂らしたり、コルネを使う。）

**14** 粉糖をパイの表面に茶こしでふりかけ、抹茶アイシングを絞って飾る。

＊保存の目安は冷蔵で2日。

# 抹茶ゼリー

抹茶をそのままゼリーにしたシンプルでぷるっとしたゼリー。
見ためも点てた抹茶のようにするため、後から泡をのせて冷やします。
ひんやりと固まったら泡のあるうちに食べてください。

**材料**（5個分）
抹茶 … 5g
砂糖 … 30g
熱湯 … 300g
板ゼラチン … 7g
冷水 … 適宜

**準備**
★板ゼラチンを多めの冷水に入れて5分おき、ふやかす。
★熱湯を80℃に冷ます。

**作り方**

**1** ボウルに抹茶と砂糖をふるい入れ、よくなじませる。
**2** 湯を少しずつ加え、茶せん（または泡立て器）で混ぜて溶かす。
**3** ふやかした板ゼラチンを加え、混ぜて溶かす。
**4** ボウルの底を氷水にあてて冷やす。
**5** ¼残して、器に注ぐ。
**6** 残りのゼリー液を茶せんまたは泡立て器で泡立て、5の上にのせる。
**7** 冷蔵庫に約2時間入れ、冷やして固める。

＊保存の目安は冷蔵で1日。

# 抹茶のカンノーリ

生地に黒煎りごまを入れているので、
揚げたては香ばしく、カリカリの食感が楽しめます。
ほのかな抹茶の苦みがリコッタチーズと合います。

### 材料(8個分)

生地
- 卵 … 20g(約⅓個分)
- 砂糖 … 5g
- 塩 … 1g
- 白ワイン … 40g(または水)
- 溶かしバター(食塩不使用) … 10g
- 薄力粉 … 50g
- 抹茶 … 2g
- 黒煎りごま … 5g
- 揚げ油 … 適量

クリーム
- リコッタチーズ … 100g
  (または水切りヨーグルト100g)
- 砂糖 … 10g
- 抹茶 … 2g
- 生クリーム … 100g
- オレンジピール … 40g
- 粉糖 … 適量

### 準備

★アルミホイルを30cm×10cmに切り、表面にサラダ油(分量外)を塗り、3つ(10cm角)に折ってから直径2cmの筒状にする。

★水切りヨーグルトを使う場合は、コーヒードリッパーにフィルターを敷き、200gのプレーンヨーグルトを入れて水切りして100gにする。

### 作り方

**1 生地をつくる。**ボウルに卵、砂糖、塩、白ワイン、溶かしバターを入れ、泡立て器でよく混ぜる。

**2** 薄力粉と抹茶をふるい入れ、黒ごまも加えてしっかりと混ざるまで練る。ひとまとめにしたらラップで包み、冷蔵庫で1時間冷やす。

**3** 生地を長さ10cmの棒状にして8等分する。餃子の皮のように丸く1mmの厚さにのばす。

**4** アルミホイルの筒に巻き、重なる部分に水をつけてしっかりつける。

**5** 160℃の揚げ油で揚げる。途中一度取り出しアルミホイルをはずし、もう一度油の中に入れてカリッとするまで揚げる。網に取って油を切る。

**6 クリームをつくる。**ボウルに砂糖と抹茶を入れてなじませ、リコッタチーズを加えて混ぜる。

**7** 刻んだオレンジピールの半量を混ぜる。

**8** 絞り袋に**7**のクリームを入れ、**5**の筒の中に絞り、残りのオレンジピールを飾る。粉糖を茶こしでふりかける。

★つくった当日が一番おいしいが、保存の目安は冷蔵で2日。クリームを入れずに保存し、食べる時にクリームを詰める。

アルミホイルの
筒の作り方

10cm　アルミホイル

3つに折る

重ねて折り返して
くるくる巻く

棒を抜く

# 抹茶のガトーショコラ

抹茶とホワイトチョコレートを合わせた、
しっとり、ふんわりとしたガトーショコラ。
ちょっと贅沢に、抹茶と黒豆を一緒に焼き込みました。
黒豆のかわりに細かく刻んだ
オレンジピールを入れると華やかさが増します。

**材料**（直径15cmの丸型1台分）
バター（食塩不使用）… 40g
砂糖 … 20g
卵黄 … 2個分
ホワイトチョコレート … 60g
牛乳 … 15g
薄力粉 … 40g
ベーキングパウダー … 1g
抹茶 … 8g
│ 卵白 … 2個分
│ 砂糖 … 40g
黒豆の甘煮（市販品）… 30g
仕上げ用
　抹茶 … 適宜

型に紙をしく

**準備**
★バターを室温に戻す。
★薄力粉、ベーキングパウダー、抹茶を合わせてふるう。
★型の側面と底にオーブンペーパーを敷く。
★オーブンを160℃に予熱する。

チョコレートの溶かし方

1
チョコレート
タブレットならそのままで

2
1/3 溶けない位で
レンジから出す

3
ゴムベラで混ぜて
完全に溶かす

**作り方**
1 ボウルにバターを入れて泡立て器でクリーム状になるまで練る。砂糖を加え、泡立て器でふんわりするまでよく混ぜる。
2 卵黄を加えてよく混ぜる。
3 別のボウルにホワイトチョコレートを入れ、湯煎で溶かす。（または、耐熱容器に入れラップをふんわりかけ300Wの電子レンジで2分30秒加熱し、ゴムベラでよく混ぜて完全に溶かす。）
4 2に3を加えて混ぜ、牛乳も加えて混ぜる。
5 薄力粉、ベーキングパウダー、抹茶を合わせてふるい入れ、なめらかになるまで混ぜる。
6 別のボウルに卵白と砂糖を入れてしっかりと泡立てる。
7 6を5に2回に分けて加え、混ぜる。
8 型に半量流し、黒豆を散らし、残りの生地を流し入れる。
9 160℃のオーブンで40分焼く。ケーキクーラーに取り出し、型からはずす。完全に冷めたらオーブンペーパーをはがす。
10 好みで表面に抹茶を茶こしでふる。

★保存の目安は常温で2日、冷蔵で4日。

# 抹茶風味の浮島

抹茶の色が鮮やかな、優しい味わいの蒸し菓子です。
春のイメージで、桜の花の塩漬けをのせました。
抹茶によく合う柚子の皮や甘納豆、
オレンジピール、チョコレートなどをのせたり、
中にあんこを入れたりしてアレンジしてみてください。
日本茶や抹茶に合わせて、
また、桜の塩漬けをのせずにつくり、コーヒーと一緒に楽しんでも。

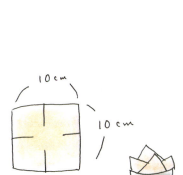

**材料**（120mlのアルミカップ6個分）
白あん（市販品）… 130g
砂糖 … 10g
卵黄 … 1個分
薄力粉 … 6g
上新粉 … 6g
抹茶 … 2g（小さじ1）
　卵白 … 1個分
　砂糖 … 20g
　塩 … ひとつまみ
桜の花の塩漬け … 6個

### 準備
★アルミカップにオーブンペーパーを敷き込む。
★蒸し器用の鍋に湯を沸かし、蓋に布巾を巻く。
★桜の花の塩漬けを水で洗い、水気をよく拭き取る。

### 作り方
1 耐熱ボウルに白あんを入れ、ラップをせずに電子レンジ600Wで1分加熱して水分をとばし120gにする。（水っぽい場合は少し長めにし、ぽってりするまで水分をとばす。）
2 砂糖10gを加えてゴムベラで混ぜる。卵黄を加えて混ぜる。
3 薄力粉と上新粉をふるい入れ、混ぜる。
4 抹茶を茶こしでふるい入れ、よく混ぜる。
5 別のボウルに卵白と砂糖、塩ひとつまみを入れ、角が立つくらいまでしっかり泡立てる。
6 4に5を2回に分けて加え、ふんわり、かつしっかり混ぜる。
7 6をカップに八分目まで入れ、表面をスプーンで平らにし、桜の花の塩漬けをのせる。
8 蒸し器に入れ、蓋を少しだけずらす。
再沸騰したら火を中火にし10分蒸す。さらに弱火にして5分蒸す。
型からはずし、オーブンペーパーはつけたまま、ケーキクーラーの上で冷ます。

★保存の目安は冷蔵で3日。

アレンジいろいろ

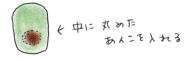

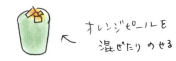

## 抹茶&和紅茶のトリュフ

ガナッシュを丸めて固め、溶かしたチョコレートでコーティングします。
おいしい抹茶を使って、おもてなしや贈り物に。
抹茶に合うオレンジピールなどを中に入れるとさらに贅沢になります。
和紅茶「紅ふうき」を使うと、まろやかな香りが口の中で広がります。

**材料**(各10個分)

抹茶のトリュフ
抹茶のガナッシュ
- 抹茶 … 2g
- 熱湯 … 10g(小さじ2)
- 生クリーム(乳脂肪分40%)… 30g
- ホワイトチョコレート … 60g
- バター(食塩不使用)… 10g

コーティング用
- ホワイトチョコレート … 40g
- 抹茶 … 適量

和紅茶のトリュフ
和紅茶のガナッシュ
- 和紅茶 … 5g
- 生クリーム(乳脂肪分40%)… 80g
- ミルクチョコレート … 60g
- バター(食塩不使用)… 10g

コーティング用
- ミルクチョコレート … 40g
- ココア … 適量

＊生クリーム(乳脂肪分40%)が無い場合は、乳脂肪分45%の生クリームに1割の牛乳を加えたもので代用する。

抹茶

紅ふうき

丸くして
ラップで包んで
きゅっとしぼる

抹茶 和紅茶

**作り方**[**1**以外作り方は共通。（ ）内は和紅茶の場合]
**抹茶1** ボウルに抹茶を茶こしでふるい入れ、熱湯を注ぎ、茶せんか泡立て器でダマがなくなるまで混ぜる。小さい鍋に生クリームを入れ、湯気がたつまで温める。
**和紅茶1** 小鍋に和紅茶と生クリームを入れて中火にかけ、沸騰したら弱火にして2分煮て茶こしでこし、40g量る。
**2** 耐熱ボウルにホワイトチョコレート（ミルクチョコレート）を入れ、ラップをして300Wの電子レンジで1分30秒加熱し、ゴムベラで混ぜながら溶かす。
**3** 2に1とバターを加えてゴムベラで混ぜる。艶がでてとろりとしたら、ボウルの底を冷水にあて、絞れるくらいの固さになるまで冷やす。
**4** ラップを敷いたバットの上に、絞り袋に入れた3を絞って10等分に分ける。または、スプーンですくって分けてもよい。
**5** 1つずつラップで包んで丸め、冷蔵庫で冷やす。
**6** コーティング用のチョコレートを耐熱容器に入れ、ラップをし300Wの電子レンジで1～2分加熱し、8割くらい溶けたら、ゴムベラで混ぜてしっかり溶かす。
**7** 手のひらにラップをのせ、6の溶かしたチョコレートを少しおき、冷えた5のガナッシュのラップをはずしてころがし、うすくまんべんなく、コーティング用のチョコレートをつける。
**8** バットに抹茶（ココア）を茶こしでふるって広げ、7をのせ、上からも抹茶（ココア）をふってまんべんなく抹茶（ココア）をまぶす。

★保存の目安は冷蔵で1週間。

# 和紅茶

お菓子にする時は、
和紅茶のまったりとした甘みが、乳製品とよく合います。
葉が柔らかければ、ミキサーにかけて生地に入れて焼いても苦みがでず、
まろやかで優しい味わいに仕上がるのは、さすが和紅茶だと思います。
品種や生産者でかなり味も違うので、
いろいろ試したくなる興味深いお茶です。
お菓子には、個性的な3品種の和紅茶を選びました。

和紅茶は、新茶をつくった後の葉の、付加価値を高めるために生まれました。摘採後すぐに加熱する煎茶と違い、完全発酵させる紅茶の工程でつくっています。飲みなれた外国の紅茶と違い、スッとしたメントールのような風味や渋みがないのでまろやかで甘みがあり、味わい深く飲みやすい紅茶です。紅茶にする品種も生産者も増えてきて、需要も高まっています。

**紅ふうき**
個性的で上品な香り。ストレートでも、ミルクを入れてもおいしい。お菓子に焼き込んでも、クリームと煮だして風味づけにしてもよく合う。はっとした個性的な雰囲気をだしたい時に使います。

**紅ひかり**
甘さとコクがあり、ストレートでもミルクを入れてもおいしい。どんなお菓子にもむき、和紅茶のまろやかな風味を楽しめます。

**みなみさやか**
瑞々しく、フルーティーな香りで、烏龍茶にも似ていてストレートで飲みたいお茶です。ドライ無花果と合わせたバターケーキにするのがおすすめです。

# 和紅茶のモンブラン

細かい仕上げの茶葉をさらに細かくし、
メレンゲの中に加えて、和紅茶の香りを楽しみます。
生クリームは、和紅茶を煮だすと渋みがほどよく移り、
ほっくりした栗との相性もよいです。

紅ひかり

### 材料(6個分)

和紅茶風味の生クリーム
- 牛乳 … 50g
- 生クリーム … 120g
- 和紅茶 … 5g
- 砂糖 … 小さじ1

和紅茶風味のメレンゲ
- 卵白 … 60g
- 砂糖 … 55g
- アーモンドパウダー … 20g
- きび砂糖 … 45g
- 和紅茶 … 3g

マロンクリーム
- 栗 … 正味300g
- 砂糖 … 60g
- バター(食塩不使用) … 30g

栗のシロップ煮(市販品) … 6個

飾り用
- 和紅茶 … 適量

★マロンクリームは市販のマロンペーストを使用してもよい。低糖のものがおすすめ。

ゆでる

ざるにあげる

半分にてる / スプーンですくう / うらごす

### 準備

★メレンゲ用の和紅茶の葉は、細かいものはそのまま、大きい葉はすり鉢ですって細かくする。
★絞り袋に星形の口金をつける。
★天板にオーブンペーパーを敷く。
★オーブンを130℃に予熱する。

### 作り方

**1** 和紅茶風味の生クリームをつくる。小鍋に牛乳と生クリーム20g、和紅茶を入れて中火にかけ、沸騰したら2分煮て茶こしでこす。
**2** 冷めてから残りの生クリーム100gと合わせ、砂糖を加えて冷やしておく。
**3** 和紅茶風味のメレンゲをつくる。ボウルに卵白と砂糖を入れ、艶がでてしなやかな角が立つくらいまで泡立て、しっかりしたメレンゲをつくる。アーモンドパウダーときび砂糖、細かくした和紅茶をふるい入れ、ゴムベラで混ぜる。
**4** 星形の口金をつけた絞り袋に入れ、オーブンペーパーを敷いた天板の上に直径5cmくらいの大きさの渦巻きに絞る。または棒状に絞る。
**5** 130℃のオーブンで1時間焼き、オーブンペーパーごとケーキクーラーにのせて冷ます。
**6** マロンクリームをつくる。鍋に皮つきの栗と水を入れて中火にかけ、柔らかくなるまで40分ゆで、ざるにあげる。栗を半分に切り、中身をスプーンで取り出して裏ごしをする。砂糖とバターを加えてなめらかになるまで混ぜる。星形の口金をつけた絞り袋に入れる。
**7** 2の和紅茶風味の生クリームを七分立てに泡立てる。
**8** 5の渦巻きのメレンゲの場合は、上に6のマロンクリームを絞り、7の和紅茶の生クリームをスプーンで上にとろりとかける。その上に和紅茶の葉をふりかけ、栗のシロップ煮を添える。棒状のメレンゲの場合は、メレンゲ1本を3つに折って並べ、その上にマロンクリーム、栗のシロップ煮、メレンゲ、和紅茶の生クリームを盛りつけ、和紅茶の葉をふりかける。まわりにメレンゲを崩したものを飾る。

うずまきは1枚の上にこんもりマロンクリームを

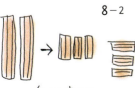
向きを変えてマロンクリームをはさみます

★保存の目安は冷蔵で2日。食べる直前に組み立てる。

# 和紅茶のアイスクリームパフェ

口当たりがなめらかでアイスクリームだけでも
十分においしいのですが、いちごのマリネを添えると、
見ためも味も華やかなパフェになります。
果物は、オレンジ、いちじく、桃や洋梨のコンポートなども
和紅茶の風味によく合います。
和紅茶は、「紅ひかり」を使いました。

紅ひかり

**材料（6〜8人分）**
和紅茶のアイスクリーム
　　和紅茶 … 10g
　　牛乳 … 200g
　　卵黄 … 3個分
　　砂糖 … 90g
　　牛乳 … 150g
　　生クリーム … 150g
いちご … 適量
砂糖 … いちごの重さの10％
生クリーム … 適量

**作り方**
1 **和紅茶のアイスクリームをつくる。**小鍋に和紅茶と牛乳200gを入れて火にかけ、沸騰したら火を弱めて1分煮て、火を止める。蓋をして2分おき、万能こし器でこして150g量る。
2 ボウルに卵黄と砂糖を入れ、泡立て器で白っぽくなるまですり混ぜる。
3 1を加えて混ぜる。
4 別の鍋に3を万能こし器でこし入れ、極弱火にかけ、とろみがつくまで耐熱のゴムベラで混ぜる。とろみがついたら火からおろし、牛乳150gを加えて混ぜ、生クリームを加えて冷やす。
5 バットに入れ、冷凍庫で冷やして固める。数回取り出してフォークで空気を入れるようにほぐし、最後はゴムベラで練る。（またはアイスクリーマーに入れて固める。）
6 **いちごのピュレをつくる。**いちごはつぶすか、すりおろして、いちごの重さの10％の砂糖を加えて混ぜる。
7 **いちごのマリネをつくる。**いちごを半分に切り、いちごの重さの10％の砂糖をまぶして10分おく。
8 器に6のいちごのピュレ、5のアイスクリーム、六分立てに泡立てた生クリームを盛りつけ、7のいちごのマリネを添える。

★アイスクリームの保存の目安は冷凍で2週間。
★いちごのピュレとマリネの保存の目安は冷蔵で2日。

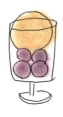
ピオーネなどぶどう

いちじくと合わせて

バナナとブルーベリー 夏に！！

# 和紅茶のミルクレープ

**細かい茶葉で、こくのある「紅ひかり」を煮だして
濃いめのミルクティーをつくり、
生地にも生クリームにも加えました。
和紅茶の渋みは、ミルクと砂糖を合わせると旨味になります。
ぶどうが和紅茶の風味とよく合いますが、
柿や桃、洋梨、バナナなどと合わせてもよいでしょう。**

紅ひかり

**材料**（直径18cm1台分）
クレープ生地
 和紅茶 … 10g
 牛乳 … 90g
 薄力粉 … 60g
 砂糖 … 20g
 塩 … ひとつまみ
 牛乳 … 100g
 卵 … 2個
 バター（食塩不使用）… 20g
生クリーム … 200g
砂糖 … 20g
ぶどう … 200g

バターを湯せんで
溶かすとき

小さい鍋に湯を沸かして
火を止めてからボウルをのせ、
そのままにする

**準備**
★バターを湯煎で溶かし、熱い湯にうかべたまま冷めないようにしておく。

**作り方**
**1** 小鍋に和紅茶10gと牛乳90gを入れて弱火にかけ、沸騰したら3分煮て火を止める。蓋をして1分おき、茶こしでしっかりこす。このミルクティーから40g量る。
**2** 別のボウルに、薄力粉、砂糖、塩をふるい入れ、牛乳の半量(50g)を加えて泡立て器で混ぜる。卵を割り入れてしっかりとねばりがでるように混ぜる。残りの牛乳を加えて混ぜ、**1**のミルクティーを20g加える。
**3** 溶かしたバターを加えて混ぜる。ラップをして30分以上休ませる。
**4 クレープを焼く**。底が18cmのフライパンに極薄くバター（分量外）を塗り、中火にかけ**3**の生地を流す。
**5** 端がぱりぱりしてきたら裏に返し、さっと火を通して台に取り出す。同様に9枚焼き、冷ます。
**6** 生クリームに砂糖、**1**の残りのミルクティー20gを加えて九分立てに泡立てる。
**7** ぶどうは房からはずしてよく洗い、水気を拭き、3mmの厚さに切り、種をとる。
**8** 皿にクレープを1枚おき、**6**のクリームの1/9量を薄く塗り、薄く切ったぶどうの1/9量を散らしてクレープを重ねる。クリームとぶどう、クレープを交互に重ね、最後の1枚のクレープをのせ、ラップをかぶせて冷蔵庫で冷やす。

★保存の目安は冷蔵で3日。

8

cut

## 和紅茶のスコーン　スイート&チーズ

ジャムやチーズと相性のよい「紅ひかり」を使いました。
朝食やおやつに和紅茶の香りが広がる焼きたてをどうぞ。
きび砂糖をふりかけたスイートとチーズを埋め込んだ2種類をつくりました。
どちらにもマーマレードがよく合います。
チーズはあればチェダーチーズがよいですが、手軽なプロセスチーズでもおいしく焼き上がります。

**材料**(6個分)

　│ 和紅茶 … 5g
　│ 牛乳 … 40g
　│ 溶き卵 … ½個分（30g）
　薄力粉（全粒粉）… 50g
　強力粉 … 50g
　ベーキングパウダー … 小さじ¾
　きび砂糖 … 10g
　塩 … ひとつまみ
　バター（食塩不使用）… 20g

スイート(6個分)
　│ きび砂糖 … 大さじ1
チーズ(6個分)
　│ チーズ … 50g

**準備**

★ 和紅茶の茶葉をすり鉢ですって細かい粉状にする。
★ 天板にオーブンペーパーを敷く。
★ オーブンを200℃に予熱する。

和紅茶

紅ひかり

### 作り方

1 ボウルに粉状にした和紅茶と牛乳を入れて30分くらいおき、溶き卵を加えて混ぜる。
2 別のボウルに薄力粉、強力粉、ベーキングパウダー、きび砂糖、塩をふるい入れ、バターを加え、指先で粉をまとわせたバターをつぶすような感じでなじませる。さらさらとしたおから状になったら1を加えてゴムベラで8割くらい混ぜる。
3 6等分にし、打ち粉(分量外の強力粉)をして手で丸める。チーズ入りは、5mm角に刻んだチーズを1つにつき8gくらい埋め込む。
4 オーブンペーパーを敷いた天板に間をあけて並べる。スイートはきび砂糖を、ぱらぱらふりかける。
5 200℃のオーブンで12分焼く。

★スイートはホイップクリームをつけてもおいしい。
★保存の目安は常温で2日、冷蔵で3日。食べる時は温める。

3-1
カードで(スケッパー)
6等分に

3-2
手で丸める

紅ひかり

和紅茶

## 和紅茶のスパイスサブレ

シンプルなミルクサブレに和紅茶とシナモンを入れた、
あっさりしたチャイ風味のサブレ。
好きな型で形を楽しんでください。
杏ジャムやいちごジャムをつけたり、ジャムを少し煮詰めて
はさむのもおすすめです。
「紅ひかり」を使いました。

**材料**(8枚分：8cm角)
バター(食塩不使用) … 60g
和三盆糖(粉糖) … 30g
塩 … ひとつまみ
薄力粉 … 125g
ベーキングパウダー … 小さじ⅙
シナモンパウダー … 1g
和紅茶 … 3g
溶き卵 … ¼個分(15g)
牛乳 … 小さじ1(5g)

**準備**
★バターを室温に戻す。
★和紅茶をすり鉢ですって細かくする。
★天板にオーブンペーパーを敷く。
★オーブンを170℃に予熱する。

**作り方**
1 ボウルにバターを入れてゴムベラで練る。和三盆糖と塩を加えてさらに練る。
2 泡立て器にかえて混ぜる。
3 薄力粉、ベーキングパウダー、シナモンパウダー、和紅茶をふるい入れ、ぽろぽろするまで混ぜる。
4 溶き卵と牛乳を加え、ゴムベラで練り混ぜ、ひとまとめにする。ラップで包み冷蔵庫で30分冷やす。
5 ラップの上で厚さ3mm、16cm×32cmにのばし、バットにのせ冷蔵庫で1時間冷やす。
6 型で8枚抜き、竹ぐしで穴を開け、オーブンペーパーを敷いた天板に並べる。
7 170℃のオーブンで20分焼く。焼き上がったらケーキクーラーにのせて冷ます。

★保存の目安は密閉容器に入れて常温で5日。

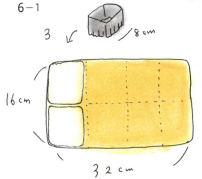

6-1

型できっちり抜く

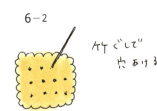

6-2

竹ぐしで穴あける

# 和紅茶のバターケーキ

和紅茶の旨味を含んだドライフルーツがたっぷり入った、
口当たりがしっとりしたバターケーキ。
少しずつ大切に食べたい、贅沢で風味豊かな焼き菓子です。
烏龍茶のようなみなみさやかを使うと、
優しい味わいのケーキに焼き上がります。
他の和紅茶にしてもおいしいです。

みなみさやか

**材料**（18cm×8cm×6cmのパウンド型1台分）

和紅茶 … 6g
牛乳 … 50g
バター（食塩不使用）… 80g
きび砂糖 … 80g
卵 … 1個
卵黄 … 1個分
強力粉 … 80g
ベーキングパウダー … 小さじ½
いちじくの和紅茶漬け
　ドライいちじく … 70g
　和紅茶 … 5g
　熱湯 … 100g

**準備**

★いちじくの和紅茶漬けをつくっておく。
和紅茶に熱湯を注ぎ3分おいて茶こしでこし、6等分に切ったドライいちじくにかけ、空気を入れないように表面にラップをして1時間以上漬け込む。
★材料を室温に戻す。
★型にオーブンペーパーを敷き込む。
★オーブンを170℃に予熱する。

**作り方**

1 小鍋に和紅茶と牛乳を入れて火にかけ、沸騰したら1分煮て火を止め、蓋をして2分おき、茶こしでこし、30g量る。
2 ボウルにバターを入れ、クリーム状になるまでゴムベラで練る。
3 きび砂糖を加え、泡立て器で白っぽくふんわりするまでよく混ぜる。
4 別のボウルに卵と卵黄を入れてよく混ぜてほぐし、3に数回に分けて加え、そのつどよく混ぜる。
5 強力粉とベーキングパウダーをふるい入れ、ゴムベラで混ぜる。
6 1の和紅茶風味の牛乳を加えて混ぜる。
7 型に生地の⅓を入れて平らにし、いちじくの½を並べる。残りの生地の半分を入れて平らにし、残りのいちじくを並べる。残りの生地を入れて平らにする。上に和紅茶の葉（分量外）を小さじ½散らす。
8 170℃のオーブンで40〜45分焼く。焼き上がったら型から出し、ケーキクーラーにのせて冷ます。冷めたらオーブンペーパーをはがす。

★保存の目安は常温で5日。夏場は冷蔵庫で保存する

## ミルクティーシフォンケーキ

おいしい和紅茶の、
苦みと渋みと香りを牛乳の中でしっかり煮だし、
茶葉が柔らかくほどけたところを
まるごとミキサーにかけて細かく砕きます。
良質なお茶を使うと、少量でも紅茶の風味が楽しめます。

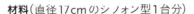

紅ふうき（夏摘み）

**材料**（直径17cmのシノォン型1台分）
和紅茶 … 3g
牛乳 … 80g
卵黄 … 3個分
はちみつ … 30g
米油 … 40g
強力粉 … 70g
卵白 … 140g
砂糖 … 50g
金柑のはちみつマリネ … 適量

**準備**
★ 金柑のはちみつマリネを作る（下記参照）。
★ オーブンを170℃に予熱する。

**作り方**
**1** 小鍋に和紅茶と牛乳を入れて中火にかけ、沸騰したら火を弱めて2分間煮る。ミキサーにかけて葉も一緒に細かくする。（ミキサーが無い場合は茶こしを通してぎゅっと押してこし、ボウルに入れる。この場合は液体だけになる。）
**2** 卵黄、はちみつ、米油を加えて乳化するようによく混ぜる。
**3** ボウルに移し、強力粉をふるい入れ、泡立て器でなめらかになるまで混ぜる。
**4** 別のボウルに卵白と砂糖を入れ、艶がでて角がしなやかに立つくらいになるまで泡立て、しっかりしたメレンゲをつくる。
**5** 4の半分を2回に分けて3に加え、泡立て器でゆっくりすくいあげるように混ぜる。残りのメレンゲを加えて均等になるようにゴムベラで混ぜる。
**6** 型に空気が入らないように生地を流し入れ、表面を平らにする。
**7** 天板に型をのせ、170℃のオーブンで35分焼く。ケーキクーラーの上で逆さまにして冷ます。
**8** 型から取り出し（P.117参照）、カットして皿にのせ、金柑のはちみつマリネを添える。

★保存の目安は冷蔵で5日。

1
ハンディタイプ
ミキサーが便利

細かくまぜます

## 金柑のはちみつマリネ

**材料**（作りやすい分量）
金柑 … 100g
はちみつ … 30g

**作り方**
**1** 金柑を薄い（1mm）輪切りにし、種を取る。
**2** 容器に入れてはちみつをかけ、一晩、冷蔵庫で冷やす。

紅ふうき

# 和紅茶の
# バタークリームロールケーキ

「紅ふうき」を使って、個性的で上品な風味につくりました。
マイルドな風味がよい時は、「紅ひかり」を使ってみてください。
手づくりのバタークリームは、驚くほどなめらかで口溶けがよいです。
クラシックなお菓子、セカロールのような懐かしさを感じます。

**材料**

生地（29cm×25cmの天板1枚分）
- 卵 … 3個
- 砂糖 … 65g
- 和紅茶 … 3g
- 薄力粉 … 50g
- バター（食塩不使用）… 30g

バタークリーム
- 和紅茶 … 7g
- 牛乳 … 120g
- 卵黄 … 1個分
- 砂糖 … 30g
- バター（食塩不使用）… 100g

**準備**

★ 生地用の和紅茶の茶葉をすり鉢ですって細かくする。
★ 生地用のバターを小さなボウルに入れ、湯煎で溶かして冷めないようにする。
★ 天板にオーブンペーパーを敷き込む。（わら半紙だとよりしっとり仕上がる。）
★ オーブンを200℃に予熱する。

**作り方**

**1 生地をつくる。** ボウルに卵、砂糖を入れ、ハンドミキサーでかなりもったりするまでしっかりと高速で泡立てる。低速にかえ、音が立たないように羽根を浮かせてキメが細かくなるまで混ぜる。

**2** 和紅茶、薄力粉をふるい入れ、泡立て器でふんわりとすくうようにして混ぜる。

**3** 溶かしたバターの中に生地を大さじ2ほど加えてよく混ぜ、2のボウルに戻し入れてゴムベラで混ぜる。

**4** オーブンペーパーを敷いた天板に流し入れ、表面を平らにならす。200℃のオーブンで12分焼く。（天板は2枚重ねだと火が通りすぎずきれいに仕上がる。）

**5** 焼き上がったら台に取り出し、表面が乾かないようにオーブンペーパーをかぶせて冷ます。冷めたら裏に返してオーブンペーパーをはがし、はがした面を下にしてラップの上に置く。

**6** 冷ましている間に**バタークリームをつくる**。小鍋に和紅茶と牛乳を入れて火にかけ、沸騰したら火を弱めて2分煮る。茶こしでこして60g量る。

**7** ボウルに卵黄と砂糖を入れ、泡立て器ですり混ぜる。白っぽくなったら6の和紅茶液を加えて混ぜる。

**8** 小鍋に茶こしでこしながら戻し入れ、火にかけ、ヘラで混ぜながらとろみがつくまで煮る。きれいなボウルに移し、ボウルの底をすぐに氷水にあてて冷やす。

**9** 別のボウルにバターを入れ、ハンドミキサーで混ぜる。ふんわりしたら、冷やした8を少しずつ加え、そのつどよく混ぜる。

**10** 焼き上がった5の生地の片側を斜めにそぎ切る。パレットナイフで9のバタークリームを反対側をはずして全体に均等に塗り広げ、塗っていない方を芯にしてくるくると巻き込む。ラップで包んで、30分以上冷蔵庫で冷やす。

★保存の目安は冷蔵で3日。

★バタークリームは少し室温におくとなめらかになる。

10-1

斜めに切りおとす
クリームをうすくぬっておく
均一にクリームをぬる
クリームをぬらない

10-2

ぬってない所を立ちあげて
芯にして巻きこむ
そぎきる

## 和紅茶のサバラン

和紅茶のシロップをふくませた、しっとりジューシーなサバラン。
砂糖漬けのレモンのかわりに、
バナナの輪切りなどを飾ってもよいでしょう。
まろやかな風味の「紅ひかり」を使いましたが、
どの紅茶にしてもおいしいです。

紅ひかり

**材料**[サバラン120mlのアルミカップ8個分とドーナツ6個分]

和紅茶のブリオッシュ生地
- 牛乳 … 150g
- インスタントドライイースト … 5g
- 砂糖 … 30g
- 卵 … 1個
- 薄力粉 … 320g
- 和紅茶 … 3g
- 塩 … 2g
- バター（食塩不使用）… 30g

和紅茶シロップ（8個分）
- 和紅茶 … 16g
- 熱湯 … 600g
- 砂糖 … 200g
- ラム酒 … 20ml

生クリーム … 適量
砂糖漬けのレモンの輪切り … 適量

**準備**
★ レモンを輪切りにして種を取り、少量の砂糖をまぶして30分以上おき、砂糖漬けのレモンの輪切りをつくる。
★ 和紅茶3gをすり鉢ですりつぶして粉状にする。
★ バターを湯煎で溶かす。
★ 天板にオーブンペーパーを敷く。
★ オーブンを180℃に予熱する。

**作り方**
1 和紅茶のブリオッシュ生地をつくる。ボウルに少しだけ温めた（20℃くらい）牛乳、インスタントドライイーストを入れて泡立て器で混ぜて溶かす。砂糖、卵を加えて混ぜる。
2 薄力粉の半量と粉状にした和紅茶をふるい入れ、泡立て器のままぐるぐる混ぜる。
3 塩、溶かしたバターを加えて混ぜる。
4 残りの薄力粉をふるい入れ、ゴムベラでなじむまでしっかり練り混ぜる。ラップをして倍量に膨らむまでおく。冷蔵庫だと6時間、常温だと1時間くらい。
5 生地を半分に分け、8等分にして丸める。（半分はリングドーナツにする。P.116参照）
6 バター（分量外）を塗ったアルミカップに入れ、ラップをして倍量に膨らむまでおく。（約1時間）
7 水に溶いた卵黄（分量外）を刷毛、または指で表面に塗り、180℃のオーブンで15〜20分焼く。
8 和紅茶シロップをつくる。和紅茶に熱湯を注ぎ、蓋をして3分おく。砂糖とラム酒を加えて混ぜ、溶けたら茶こしでこす。
9 バットの中に7を入れ、上から8のシロップをかける。しっかりしみ込ませ、冷蔵庫で1時間冷やす。途中で上下を返すとよくしみ込む。
10 六分立てに泡立てた生クリームを上にかけ、砂糖漬けのレモンの輪切りをのせる。

★保存の目安は冷蔵で2日。

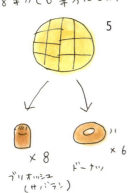

半分にしたら
8等分と6等分にします

5

×8 ブリオッシュ（サバラン）
×6 ドーナツ

9

バットに
ブリオッシュを並べて
シロップをかける
↓
全部しみます！

和紅茶／紅ひかり

和
紅
茶

## 和紅茶のリングドーナツ

サバランのブリオッシュ生地は、ふんわり軽くてドーナツにもできます。
私はドーナツ好きなので、サバランのブリオッシュ生地をつくったら、
半分はリングドーナツにします。

**材料**（6個分）
和紅茶のブリオッシュ生地と同じ（半量を使用）
揚げ油 … 適量
アイシング
　粉糖 … 60g
　和紅茶シロップ … 10g
和紅茶 … 適量

**作り方**
1 P.115の和紅茶のサバランの和紅茶のブリオッシュ生地と1〜4まで同様につくり、6等分にして丸め、ラップまたはふきんをかけて5分おく。
2 真ん中に指で穴を開け、広げる。170〜180℃の油で揚げる。
3 粉糖と和紅茶シロップ（P.115参照）を混ぜてアイシングをつくり、上からかけ、指先でひねって細かくした和紅茶をふりかける。

★保存の目安は冷蔵で2日。

指で穴をひろげる

## シフォン型のはずし方

1 焼き上がったら逆さまにして粗熱を取る。

2 乾燥しないように、ラップをかけて輪ゴムでとめ、冷蔵庫で冷やす。

3 ケーキと型の間にパレットナイフを差し込んでぐるりとまわし、ケーキを型(外枠、内枠の中央)から切りはなす。

4 静かに外枠をはずす。

5 外枠を逆さにしてケーキをのせ、内枠とケーキの間を切りはなす。

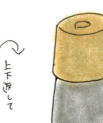

6 ケーキを返し、内枠を静かに持ち上げてはずす。

## 新聞紙のカステラ型の作り方

1 新聞紙を10枚重ね、正方形になるように余分な部分をカットする。

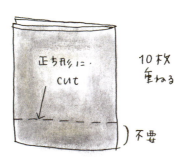

2 中央に底になる15cm角の正方形と、図のように線を書き、指定の部分をカットする。

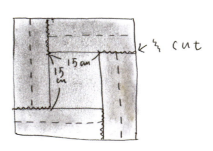

3 図を参考に、点線が山になるように折る。

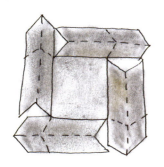

4 カットした分を、折り込んでホッチキスでとめて箱を作る。内側にオーブンペーパーを敷く。

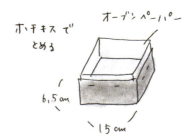

5 焼き上がったら、オーブンシートまたはオーブンペーパーを敷いたケーキクーラーの上に逆さまにして置き、冷ます。

# 日本茶のアレンジティー

## 煎茶のアレンジティー

**煎茶シロップ×炭酸**

**煎茶シロップ**

**材料**
煎茶 … 8g（深蒸しでも、普通でも）
熱湯 … 240g
砂糖 … 20g

**作り方**
ボウルに煎茶を入れ、80℃に冷ました湯を注ぐ。
3分おいてから別のボウルにこす。
砂糖を加えて混ぜる。
ボウルの底を氷水にあてて冷やす。

**煎茶 × レモングラス**

急須の中にお茶の葉と、レモングラスの葉を1杯につき1枚（約2cmに切る）を入れる。使うお茶の淹れ方で抽出する。清々しいさわやかな香りが煎茶と合う。ハーブはミントなど、好きなハーブで試してください。

**煎茶 × コリアンダー**

急須の中にお茶の葉とコリアンダーの葉を1杯につき3〜4枚ちぎって入れる。使うお茶の淹れ方で抽出する。思いのほか相性がよく、コリアンダー好きにはたまらないお茶。食事に合わせたり、お茶会のアクセントにしてください。

**煎茶 × 桜の花**

湯のみに一輪、桜の花の塩漬けを入れる。（桜の花の塩漬けは水で洗って水気を拭き取る。湯で洗うと淹れる前に香りがとんでしまうので注意。）淹れたいお茶を、そのお茶の淹れ方で淹れ、湯のみに注ぐ。ほんのりとした塩味が煎茶と合う。桜色と緑色の見ためもかわいい。

私は日本茶とハーブやフルーツを組み合わせたり、炭酸水に抽出して変化を楽しんでいます。
それぞれのお茶でシロップをつくっておくと、いつでもアレンジティーが楽しめます。
遮光できる容器に入れて冷蔵庫で保存します。
和紅茶とほうじ茶は5日以内、煎茶は3日以内、抹茶はできれば2日以内に使い切りましょう。
すぐに使わない場合は、冷凍庫で凍らせて保存します。

# ほうじ茶のアレンジティー

### ほうじ茶シロップ×牛乳（アイス）

**ほうじ茶シロップ**

材料
ほうじ茶 … 8g
熱湯 … 240g
砂糖 … 20g

作り方
ボウルにほうじ茶を入れ、熱湯を注ぐ。
3分おいてから別のボウルにこす。
砂糖を加えて混ぜる。
ボウルの底を氷水にあてて冷やす。

**ほうじ茶 × 柑橘類の皮**（すだち、柚子、かぼすなど）
急須にお茶の葉とすだちの皮を小さくそいだものを1杯分につき2枚入れる。熱湯を注ぎ、浸出したら湯のみに注ぐ。口の中もすっきりし、リラックスできます。

**ほうじ茶 × ディル**
急須にお茶の葉とディルを1杯につき1本入れる。熱湯を注ぎ、浸出したら湯のみに注ぐ。ほうじ茶の香ばしさとディル独特のさわやかな風味がよく合います。

**ほうじ茶 × ふきのとう**
急須にお茶の葉ときざんだふきのとうを1杯につき1/4個分入れる。熱湯を注ぎ、浸出したら湯のみに注ぐ。春の苦みを感じますが、飲みやすい。

# 抹茶のアレンジティー

**抹茶シロップを冷凍 → フォークで砕いて
グラニテに**

**抹茶シロップ**

**材料**

抹茶 … 4g
水 … 20g
砂糖 … 20g
熱湯 … 50g

**作り方**

ボウルに抹茶を茶こしでふるい入れ、水を注ぐ。
茶せんでダマがなくなるまでよく練る。
砂糖を加えて混ぜる。
熱湯を注ぎ、よく混ぜる。
ボウルの底を氷水にあて、すぐに冷やす。

**抹茶 × 牛乳 × バニラアイスクリーム**

抹茶2g、熱湯10g、牛乳100g、バニラアイス100g。抹茶に熱湯を加えて茶せんで練り溶かし、牛乳、バニラアイスと一緒にハンディタイプのミキサーなどで攪拌する。即席抹茶シェイクになる。

**抹茶（シロップ）× 炭酸水**

シロップ1炭酸水5の割合で注ぐ。甘くしたくない場合は、抹茶2g、熱湯10gで練り溶いた抹茶を150gの炭酸水で割る。思いがけない味わいの抹茶ソーダ。

**抹茶（シロップ）× 牛乳（ホット）**

抹茶2gに熱湯30gを注いで茶せんで練り溶かす。牛乳150gを60℃に温めて同様に泡立てる。抹茶をカップに注ぎ、そっと牛乳を注ぐ。温めたシロップと5倍の牛乳でつくることもできる。ふんわりとしたやさしい味わいです。

# 和紅茶のアレンジティー

**和紅茶シロップ×豆乳 (ホット)**

### 和紅茶シロップ

**材料**

和紅茶 … 8g
熱湯 … 240g
砂糖 … 20g

**作り方**

ボウルに和紅茶を入れ、熱湯を注ぐ。
3分おいてから、別のボウルにこす。
砂糖を加えて混ぜる。
ボウルの底を氷水にあてて冷やす。

**和紅茶 × シナモン × りんご**

お茶を急須またはティーポットに入れ、刻んだりんごとシナモンスティックを割って加える。熱湯を注ぎ、抽出する。1杯につき、りんごは一切れ、シナモンスティックは半分。好みで砂糖を加える。定番の飲み方だけど、やっぱりおいしい。

**和紅茶 × マーマレード**

お茶はそのお茶の淹れ方で淹れ、カップに注いだらマーマレードを好みの量加えて混ぜて飲む。好みですが1杯につきスプーン1杯くらい。さわやかでコクのある味わいで、アイスティーにも合う。

**和紅茶 × しょうが × はちみつ**

お茶を急須またはティーポットに入れ、しょうがの薄切りを加える。そのお茶の淹れ方で抽出し、カップに注いで好みの量のはちみつを入れる。お湯の量を減らし、その分ミルクを加えてミルクティーにしてもよい。体が温まります。

# まずは、おいしくお茶を淹れてみましょう

同じ茶種でも、高めの温度のお湯で淹れると香りがたち、
低めの温度で淹れると旨味が引き立ちます。
茶葉の大きさは、細かいものほど短時間で抽出でき、
大きいものはそれよりも長く浸出時間が必要です。
お茶は、温度の低い、光のあたらない所で、空気に触れないように保存します。
緑色のお茶ほど酸化して味が変わるのが早いので、なるべく早く飲みきりましょう。

## お湯の温度と茶種

100℃〜90℃　ほうじ茶、和紅茶、釜炒り茶、発酵茶など
　　　　　　　（熱めのお湯で淹れると香りがたつ。）

90℃〜70℃　普通煎茶、深蒸し煎茶、蒸し製玉緑茶、抹茶
　　　　　　　（少し冷ましたお湯で淹れると旨味がでる。）

## お湯の温度調整

おいしいお茶を淹れるのに、「お湯の温度が難しいな」と思われるかもしれません。
まずは、しっかりお湯を沸かします。
その後、お湯の温度を調整するには用意した道具に、お湯を次々に移しかえていくと簡単です。容器を移しかえるたびに、少しずつ温度(10℃が目安)がさがります。

やかん　　　　　　約100℃　よく沸かしたお湯を使います
↓
急須　　　　　　　約90℃　　急須を温める効果もあります
↓
湯のみ　　　　　　約80℃　　湯のみを温め、お湯の量を量る効果もあります
↓
湯冷まし　　　　　約70℃　　もう少し冷ましたい時に使います
↓
茶葉を入れた急須
↓
湯のみ

| 茶種 | 茶葉 | 温度 | 湯量 | 待ち時間 | 湯のみ |
|---|---|---|---|---|---|
| 深蒸し煎茶 | 6g | 80℃ | 240㎖ | 30秒 | 2杯分 |
| 普通煎茶・蒸し製玉緑茶 | 6g | 80℃ | 240㎖ | 1分 | 2杯分 |
| 釜炒り茶 | 6g | 80℃ | 240㎖ | 1分 | 2杯分 |
| ほうじ茶 | 6g | 熱湯 | 240㎖ | 30秒 | 2杯分 |
| 和紅茶 | 6g | 熱湯 | 240㎖ | 1分 | 2杯分 |
| 抹茶 | 1.5g | 70℃ | 60㎖ | 茶せんで30秒攪拌 | 1杯分 |

＊ 茶葉6gの目安は、大きめのガリッとしたほうじ茶などは大さじ2杯、
　小さめのものはティースプーンか小さじで2杯です。

## お茶の淹れ方

急須(小さめのティーポットと茶こしで代用可)、湯のみ
ティースプーン、淹れたいお茶の葉、お湯、湯冷まし(マグカップで代用可)を用意します。

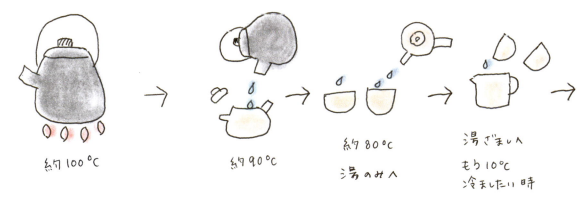

1 お湯を沸かす。
約100℃

2 お湯の温度をお茶に合わせて用意する。
約90℃
約80℃
湯のみへ
湯ざましへ
もう10℃
冷ましたい時

3 急須に茶葉を入れる。

4 温度調整をした湯のみ(湯冷まし)のお湯を、茶葉を入れた急須に注ぐ。

5 蓋をして待つ。

6 一度にひとつの湯のみに注がず、順番に他の湯のみにも5回くらいで注ぐ。最後の一滴まで注ぐ。

## 炭酸ティー

最近、煎茶やほうじ茶、和紅茶を炭酸水に入れた炭酸ティーが気に入っています。
お茶の旨味と甘味を引き出し、苦みが出にくい淹れ方です。

炭酸水のペットボトル(500ml)の¼くらいの炭酸水を抜き、
お茶の葉をスプーン2杯くらい入れて蓋を閉め、冷蔵庫で一晩おきます。
吹き出しますので、蓋を開ける時は少しずつ、タオルをあてながら開けます。
茶こしでこして、グラスに注ぎます。
(煎茶は茶葉の色が悪くなりますが、水色はきれいです。)

# 便利な道具

**はかり 1**
1〜3000gまで、1g単位で量れるデジタルスケールです。合わせて使う粉類や液体類は、重量で量る方が便利なことも多く、ひとつはかるごとに0にして次々たしていくと使う道具も少なくてすみます。

**茶こし、万能こし器 2**
万能こし器は粉類をふるったり、液体生地をこす時などに、茶こしはお茶をこすのはもちろん、粉糖や抹茶をふるう時にも使います。この本では、少量の茶葉を細かくする時にも万能こし器を使います。

**ハンドミキサー 3**
楽にお菓子をつくるためにも、ハンドミキサーを使うことをおすすめします。卵や生クリームを泡立てたり、メレンゲをつくる時に使い、羽根を2セット持っていると、そのつど洗わなくてすみ、作業がスムーズになります。羽根を2セット持つことをおすすめします。

**泡立て器 4**
長さ25cmくらいのものが女性には扱いやすく、力がうまく入れられます。私はフランスのマトファー社製のものを愛用しています。

**オーブンペーパー、シルパット、シルパン 5**
型や天板に敷いて使います。オーブンペーパーは、シリコン樹脂加工してある蒸気を通すものが使いやすいです。シルパット、シルパンは、グラスファイバーにシリコンコーティングされたシートで熱の通りが均一になります。シルパンは表面がメッシュ状で油分が落ちるので、サクッと仕上がり、クッキーを焼くのにむいています。シルパットはそれぞれの面で用途が違い、片面はつるっとしてはがしやすく、ダコワーズやマカロンに、もう片面は凹凸があり、クッキーにむいています。

**ケーキナイフ 6**
ケーキが切りやすい、ギザ刃の25cmくらいのものを用意します。

**パレットナイフ 7**
長さ25cmくらいのものがクリームを塗る時に使いやすいです。

**ゴムベラ 8**
鍋でも使えるように耐熱性のものを使います。

# 煎茶の豆知識

日本茶とは、日本でつくられているお茶の中で椿科のカメリア・シネンシスの樹の葉からつくられたものをさします。日本茶は製法、品種、使う部位などで分類されます。
製法での分類：普通(蒸し)煎茶、深蒸し煎茶、蒸し製玉緑茶、釜炒り茶、玉露、かぶせ茶、ほうじ茶、紅茶、抹茶(てん茶)、番茶など
茶の品種での分類：やぶきた、さえみどり、あさつゆ、7132、藤かおりなど
使う部位での分類：茎茶、粉茶、かりがね、芽茶など
お茶にお茶以外のものをたし、それを名前にした分類：玄米茶など

お茶は製法によって引き出される特徴(旨味、甘み、渋味、水色(すいしょく)、香りなど)があり、淹れ方も味わいも違います。お菓子をつくるお茶を選ぶ場合は、この製法での分類を基準に、その次に品種や部位で選んでください。

普通(蒸し)煎茶 … 茶葉はピンとしてまっすぐにのびた形。艶があってきれいな緑色の茶葉が上質。
淹れた時の水色は澄んだ山吹色。清い香り、渋味の中にほんのり甘みが残る優しい味。

蒸し製玉緑茶 … 普通煎茶と作り方は同様ですが、葉をのばさないで乾燥させるため、
勾玉状のぐりっとした形になり、「ぐり茶」とも呼ばれる。
水色は透明感のある黄緑色。さわやかな香りで、渋味の少ないほのかな甘みのさっぱりした味。

深蒸し煎茶 … 普通煎茶より蒸し時間が2～3倍長いため、茶葉は細かく少し黄色みがかっている。
すぐに茶葉が開くので成分がでやすく、誰でもおいしく淹れることができる。
渋味が少なく、コクがありまろやかな風味、濃厚な色。

・・・・・・・・・・・・・・・・・・・・・・・・・・・・・・・・・・・・・・・・・・・・・・・・・・・・・・・・・・・・・・・・・・・・・・・・・・・・・

♦ お茶の入手先

本書で紹介したお茶が買える日本茶専門店や生産者をご紹介します。

思月園
[深蒸し煎茶 / さえみどり、7132、あさつゆ、品種・藤かおり、
宇治ほうじ茶（てん茶入り）]
〒115-0045 東京都北区赤羽1-33-6
TEL 03-3901-3566  FAX 03-3902-3588
営業 10:00～19:00 定休日 火曜日
teashop-shigetuen.la.coocan.jp

西海園（蒸し製玉緑茶 / さえみどり）
〒859-3806 長崎県東彼杵郡東彼杵町三根郷1349
TEL 0957-46-0072  FAX 0957-46-0487
saikaien.com/

一保堂茶舗（極上ほうじ茶）
〒604-0915 京都府京都市中京区寺町通二条上ル常盤木町52
TEL 075-211-3421  FAX 075-241-0153
営業 9:00～18:00
www.ippodo-tea.co.jp

丸高農園（半発酵のほうじ茶）
〒421-1225 静岡県静岡市葵区小瀬戸2413-1
TEL/FAX 054-278-1141
www.marutaka-farm.jp/

丸久小山園（本社）（抹茶 / 和光）
〒611-0042 京都府宇治市小倉町寺内86番地
TEL 0774-20-0909
www.marukyu-koyamaen.co.jp

カネトウ三浦園 [和紅茶 / 紅ふうき（夏摘み）]
〒428-0035 静岡県島田市切山1591-15
TEL/FAX 0547-45-2916
kanetoumiuraen.shop-pro.jp

丸子紅茶（和紅茶 / 紅ひかり、紅ふうき）
〒421-0103 静岡県静岡市駿河区丸子6775
TEL/FAX 054-259-3798
www.marikotea.com

宮﨑茶房（和紅茶 / みなみさやか）
〒882-1202 宮崎県西臼杵郡五ヶ瀬町
大字桑野内4966
TEL 0982-82-0211  FAX 0982-82-0316
www.miyazaki-sabou.com

松江のお茶屋・中村茶舗（茎ほうじ茶 / 不昧茎、
抹茶 / 松平直政公御名葵印一の白）
〒690-0064 島根県松江市天神町6
TEL 0120-012-455  FAX 0852-26-3960
www.nippon-tea.co.jp

茶の葉（抹茶 / 抹茶 No.100）
〒225-0002
神奈川県横浜市青葉区美しが丘1-1-2
たまプラーザテラスゲートプラザ1F
TEL 045-511-7515  FAX 045-511-7517
www.chanoha.info/

## これからもお菓子を追いかけて

　子供の頃の母のお手伝いが、お菓子づくりのはじまりでした。いつの間にか自分一人でつくるようになり、素敵な写真が載っているお菓子の本を見ては新しいお菓子をつくり、兄に文句を言われながらも一緒に食べてはまたつくり、をくり返して一喜一憂していました。

　20代半ば、趣味でつくっていたお菓子を食べた友人が、習ってみたいと声をかけてくれたのがきっかけで、お菓子教室をスタートしました。

　安全で良質な材料で、工程も見ためも味もシンプルに、奇をてらわず、それでいて柔軟な発想のお菓子を、一口めではなく、食べ終わった時に「じんわりおいしかった」と思っていただけるお菓子を理想としています。

「教室を続けながら、お菓子を販売したりカフェを開いたりして、一生お菓子をつくり続ける。」というのが夢です。

　それは、最初の海外旅行でイギリスの地方に行った時に出会った光景にハッとしたからです。町のおしゃれでも何でもないカフェに入った時に、おばあちゃんが3人、お菓子を囲んで楽しい時間を過ごしているのを見て、とても心が和み、「お茶の時間は国も年齢も関係なく幸せな時間をつくり出すのだなあ。いいなあ、私もあんな時間を過ごしていきたい。こんな風景を見続けるために、できたらお菓子と場所を提供する人になりたい。」と思ったのです。

　その夢に近づくために、今のアトリエをつくってもうすぐ1年。

　通ってくださる皆さんが空間そのものを気に入って、お菓子づくりを快適に体験し、ゆったりとお菓子を食べていただけることができるようになりました。もちろん私も、より気持ちよくお菓子をつくっています。

　この本の中で、興味のつきない「お茶」をテーマに、大好きな果物やいつも気にしている季節感を際立たせるお菓子をつくることができ、とてもうれしいです。お茶を教えてくださったたくさんの方と、お茶の魅力を伝える機会をくださった方に心から感謝します。

　これからも新たに出合うお茶や素材はきっとあり、ワクワクしながらお菓子をつくり続け、お菓子とお茶を好きな人たちに共感していただけたらそれに勝る幸せはありません。

本間節子

アトリエで生徒さんたちとお茶の時間

**本間節子** ほんませつこ

お菓子研究家、日本茶インストラクター。季節感と素材の持ち味を大切にした、毎日食べても心と身体にやさしい味のお菓子を提案している。お茶に詳しく、お菓子に合わせた飲み物に定評がある。自宅で少人数制のお菓子教室「atelier h（アトリエ・エイチ）」を開くほか、書籍や雑誌でのレシピ提案、日本茶イベントや講習会などで幅広く活動。著書に「まいにちのお菓子づくり」「マグカップケーキ」（主婦の友社）、「ヨーグルトのお菓子」（池田書店）などがある。
www.atelierh.jp

写真　ライアン・スミス
スタイリング、イラスト　本間節子
調理アシスタント　夏井由紀子
　　　　　　　　　井上由美子
編集協力　相馬素子
ブックデザイン　縄田智子（L'espace）
校正　天川佳代子
編集　飯田想美

煎茶、ほうじ茶、抹茶、和紅茶でつくる
# 日本茶のさわやかスイーツ

発行日　2017年 9月15日　初版第1刷発行
　　　　2017年10月30日　　　第2刷発行
著　者　本間節子
発行者　井澤豊一郎
発　行　株式会社世界文化社
　　　　〒102-8187
　　　　東京都千代田区九段北4-2-29
　　　　電話 03-3262-5118（編集部）
　　　　　　 03-3262-5115（販売部）
印刷・製本　凸版印刷株式会社
DTP製作　株式会社明昌堂

©Setsuko Honma, 2017. Printed in Japan
ISBN 978-4-418-17330-3

無断転写・複写を禁じます。定価はカバーに表示してあります。
落丁・乱丁のある場合はお取り替えいたします。